Claudia Hartmann
Familienrituale

artmann

arituale

zude miteinander

burger

eses Buch

eres Miteinander und ein Nachschlage-
bewusster und intensiver gestalten
für die ganze Familie, die den Staub
g Nähe und Geborgenheit vermitteln.
nnovative Weise mit der Entwicklung
und bringt dabei traditionelle Aspek-
inklang. Ob Freizeitrituale für die gan-
Kinder oder Paarrituale für die Eltern
ichtigt. Gesprächs- und Wunschrituale
und zeigen, was die anderen bewegt.
srituale für den Geschwisterstreit oder
stellt, die selbst in schwierigen Zeiten
gen. Viele praktische Tagesplanungen
ssende Werk, das zu neuem Familien-

Autorin

eschäftigt sich seit vielen Jahren mit
Abschluss ihres Wirtschaftsstudiums
exterin für Presse und Rundfunk.
llingsmädchen ist Autorin mehrerer
a. in der Reihe »bewusster leben«:
tt«.

© 2008 nymphenburger in der
F. A. Herbig Verlagsbuchhandlung GmbH, München
Alle Rechte vorbehalten.
Umschlaggestaltung: Atelier Sanna, München
Umschlagfoto: corbis, Düsseldorf
Satz: Noch & Noch, Balve
Gesetzt aus: 11/14 pt. Sabon
Druck und Binden: GGP Media GmbH, Pößneck
Printed in Germany
ISBN 978-3-485-01159-4

www. nymphenburger-verlag.de

Inhalt

Vorwort

> Viele Menschen versäumen das
> kleine Glück, während sie auf das
> große warten.
>
> *Pearl S. Buck*

Wer kennt sie nicht, die endlosen Wochenenden, schlimmstenfalls verregnet, an denen sich die geliebte Familie ganz gehörig auf den Wecker geht und keiner so richtig auf seine Kosten kommt? Manchmal sind es aber auch die lang geplanten Sonntagsausflüge, die wieder nur der kleinen Schwester gefallen, während sich der ältere Bruder dabei entsetzlich langweilt. Und was ist mit den Tagen, an denen sich die Eltern nach einem trauten Zwiegespräch sehnen, ohne vom Geplapper des Zweijährigen ständig unterbrochen zu werden?

Auch in der Hektik des Familienalltags, wenn die Eltern ihren Berufs- und Haushaltspflichten nachhetzen und die Kinder quengelnd ihren schulischen und außerschulischen Übungen nachkommen, fallen oft alle Familienmitglieder abends wie erschlagen in ihre Betten, ohne ein Wort oder einen gemeinsamen Moment der Nähe am Tag geteilt zu haben. So lebt die Familie oft nebeneinander her, einander nahe genug, um sich gegenseitig auf die Nerven zu gehen, und doch jeder für sich.

Rituale und ausgefallene Ideen, die nicht nur die Freizeit für alle Familienangehörigen spannender und erholsamer gestalten, sondern auch den Staub des Alltags wegpusten und den individuellen Familienmitgliedern so gerecht werden, wie sie es brauchen, um sich optimal zu entfalten, und gleichzeitig maximale Geborgenheit vermitteln, sind das A und O, um eine glückliche Familie zu bleiben oder zu werden.

Dieses Buch der »Familienrituale« befasst sich mit diesem Thema auf innovative Weise und bringt traditionelle Aspekte sowie ungewöhnlich neue Lebensmodelle in Einklang. Viele praktische Tagesplanungen und Spielformen ergänzen das umfassende Werk, das zu neuen Formen des Familienglücks inspirieren will. Dabei sollen die vorgestellten Rituale, Spiele und Familienunternehmungen als Anregungen verstanden werden, die für Ihre individuelle Familie verändert, erweitert und Ihrem persönlichen Lebensrhythmus angepasst werden können. Sie sollen weder eine abschließende Sammlung aller möglichen Familienrituale darstellen – denn Ihrer Fantasie sollen in diesem Bereich keine Grenzen gesetzt sein – noch ein Programm, von welchem jeder Punkt umgesetzt werden muss. Suchen Sie sich die Rituale und Unternehmungen aus, die zu Ihnen passen und mit Ihrem Alltag zu vereinbaren sind. Probieren Sie verschiedene Rituale aus, denn jeder Familienverbund ist einzigartig und hat andere Bedürfnisse: Die einen blühen mehr auf in aktionsgeladenen Unternehmungen, die anderen sehnen sich mehr nach Ritualen der Ruhe und Geborgenheit im Kreis der Familie. Fühlen Sie sich ein, was zu Ihnen passt – so kann schon die Auswahl der richtigen Familienrituale Ihnen zeigen, wo Ihre Familie steht und was ihr möglicherweise als Bereicherung fehlen könnte.

Dabei sind Eineltern- und Zweielternfamilien ebenso angesprochen wie Adoptiveltern-, Stiefeltern- und Patchwork-Familien. Familien jedweder Konstellation sind letztlich immer Gemeinschaften von Menschen, die sich lieben und dieses Gefühl der Gemeinschaft auch in der Hektik des Alltags spüren wollen. Familienrituale können dabei helfen und die Familie stärker zusammenschweißen.

Dieses Buch soll Ihnen Anregungen für kleine wie große Rituale und Momente der geteilten Freude und intensiven Begegnung in Ihrem Familienleben liefern und es so bereichern.

Probieren Sie es aus und spüren Sie in den gelebten Familienritualen täglich aufs Neue die einzigartige Gemeinschaft der Familie sowie die einzigartige Liebe, die sie zusammenhält.

Hinweis:
Dem Lesefluss zuliebe wird im Folgenden zum Teil nur die weibliche oder männliche Form benutzt. Beide Geschlechter sind gleichermaßen angesprochen, ohne dass dies immer explizit zum Ausdruck gebracht wurde.

Fit for family oder Rituale für jeden Tag

Geduld, Vernunft und Zeit
macht möglich die Unmöglichkeit.

Simon Dach

Rituale, Alltag und Spontaneität

Rituale – wozu?

Rituale geben Orientierung und Halt. In einer konfus erscheinenden Welt, in der täglich Neues auf uns hereinbricht, sind feste Abläufe und verlässliche Wiederholung wichtig. Jede Kultur und Gesellschaft hat ihre eigenen Rituale. Händeschütteln, bestimmte Umgangsformen, ja selbst das in die Runde gerufene »Mahlzeit« im Büro gehören ebenso dazu wie die religiösen Rituale der Taufe und Hochzeit sowie die christlichen Feste Ostern, Pfingsten und Weihnachten.

Rituale geben insbesondere Kindern und ihren Eltern Struktur. Sie sind eine Gebrauchsanweisung für bestimmte Sequenzen des Lebens und sparen Mühe, Stress und Zeit. Wie viel Energie würde es kosten, jeden Tag aufs Neue zu planen und zu organisieren? In immer gleichen Situationen geben Rituale Sicherheit, weil wir wissen, was zu tun ist. Alle Menschen verfügen unbewusst über einen Schatz von Ritualen, den sie von ihrer Familie mitbekommen haben oder von Partner, Freunden und Vorbildern bewusst oder unbewusst übernommen haben. Kinder, die sich mitten im Wachstum und ihrer persönlichen Entwicklung befinden, sehnen sich ganz besonders nach innerer Ordnung und dem immer gleichen Zeremoniell beim Aufstehen, Zubettgehen oder bei den Mahlzeiten. Die Wiederholung von Vertrautem gibt ihnen Sicherheit und schafft Geborgenheit.

Kinder achten meist ganz genau darauf, dass alles exakt so eingehalten wird wie gewohnt und bemerken selbst kleinste Änderungen im Programm. Die Natur macht es uns vor. Die Jahreszeiten und der Tag-Nacht-Wechsel sind unser äußerer Rhythmus. Ebenso brauchen vor allem Kinder ein Gleichmaß von Strukturen, auf die sie sich im Verlauf des Tages und der Woche verlassen können. Wenn es eines Abends nicht mehr dunkel würde, wie würde das wohl uns Erwachsene verunsichern?

Der Begriff Ritual stammt vom lateinischen Wort *ritus* ab, dessen ursprüngliche Bedeutung im Sinne von kultischem Brauch oder religiöser Handlung zu verstehen war. Rituale im Verständnis dieses Buches sind unausgesprochene Regeln, kleine Zeremonien, Spiele oder gegenseitige immer wiederkehrende Aufmerksamkeiten, die das Miteinander prägen und einzigartig machen. Manche schaffen Nähe, andere sorgen für die nötige Distanz. In dem Mikrokosmos der Familie bestimmen sie oft den täglichen Ablauf und sorgen für Entspannung, weil durch sie jeder seinen Platz und seine Aufgaben kennt.

Wer Rituale pflegt, wird auch heikle, schwierige oder neue Situationen besser meistern.

Ein Ritual zeichnet sich vor allem aus durch
• eine regelmäßige Wiederholung,
• einen gleichen Ablauf, Anfang und Ende,
• Verlässlichkeit, dass das Ritual stattfindet und dass sich
• alle Beteiligten aufeinander einlassen sowie
• das Bewusstsein ihrer tieferen Bedeutung.

Diese Merkmale müssen jedoch nicht immer zwingend alle erfüllt sein. Ein Ritual muss sich beispielsweise nicht ständig im gleichen Umfeld wiederholen, um ein Ritual zu sein. Die Taufe etwa erfährt jeder Einzelne normalerweise nur einmal im Leben, dennoch hat sie einen institutionalisierten, symbolischen Ablauf, der einen ganz bestimmten Sinn transportiert und das Ritual somit wertvoll und bedeutsam macht.

Sobald ein wiederkehrendes Ritual erst einmal etabliert ist, findet es immer wieder statt, ohne dass man darüber reden muss. Es macht unser Leben reich und bunt und schenkt uns einen Moment des Innehaltens. Mit Ritualen können wir besonderen Situationen Akzente verleihen und uns dem Sinn des Lebens annähern. Jede Familie hat ihre eigenen Werte und Besonderheiten. Rituale müssen zu uns passen. Die in diesem Buch beschriebenen Rituale sind Anregungen, die Sie aufgreifen und so abwandeln können, sodass Sie für sich die Rituale finden und zelebrieren können, die zu Ihnen passen und die den individuellen Bedürfnissen Ihrer Familie gerecht werden.

Familienrituale sind dabei nicht nur feierliche Zeremonien, sondern auch schlichte Regeln oder Tätigkeiten, die den Alltag optimieren. Definierte Grenzen werden durch Rituale zur Selbstverständlichkeit. So werden sie schneller akzeptiert und konstant eingehalten.

Rituale fördern besonders bei Kindern das Verständnis für Selbstständigkeit und den Ordnungssinn. Auch wenn sie zum Teil nur aus einfachen Aktionen bestehen, bedeuten sie weit mehr. Geeignete Familienrituale spenden jedem Einzelnen das Gefühl, dazuzugehören. Verlässliche Umweltbedingungen und Geborgenheit, wie sie durch Rituale entstehen, sind vor allem für das Urvertrauen von Kindern wichtig. Emotional positiv besetzte Rituale besetzen so den Platz, den sonst Trostlosigkeit oder Leere einnehmen könnten.

Kraft im Vertrauten finden

Rituale sind besonders für Jugendliche wichtig, denn in ihrem Leben gibt es täglich Neues. Ob Freundschaften oder Lehrer, alles hat erst wenige Jahre Bestand und ändert sich laufend. Hinzukommt die Pubertät, die zusätzlich die Jugendlichen blockiert, der erste Liebeskummer, die ersten emotionalen Verletzungen, und nicht zu vergessen das »erste Mal«.

So viele Neuerungen prasseln auf ihr Leben ein, dass es niemanden wundern kann, dass hier feste wiederkehrende Formen und Ordnungen helfen, die verwirrenden Entwicklungen zu bewältigen. Wenn man sich bei einem heißen Kakao an Mamas Schulter ausweinen kann, sich mit einer Wärmflasche im frisch aufgeschüttelten Bett verkriecht, das Flurlicht leicht ins Zimmer scheint und man die Stimmen der Eltern durch die angelehnte Tür hört – genauso wie zu Kleinkindzeiten –, beruhigt das auch noch, wenn man längst ausgezogen ist und bei Liebeskummer und anderen Sorgen in Mamas Schoß flüchtet. Altbekannte Rituale, an die sich auch die erwachsenen Kinder noch gerne erinnern, geben Sicherheit und Kraft für einen Neustart. Sie geben ein gutes Grundgefühl, um Mut zu fassen, wenn ein akutes Gefühlschaos droht.

Rituale vs. Gewohnheiten

Rituale sind im Gegensatz zu Gewohnheiten positiv belegt und haben großen Nutzen im täglichen Miteinander. Rituale benötigen Disziplin, Gewohnheiten nicht. Gewohnheiten sind beliebig und weisen zwar eine Wiederholung auf, aber sie transportieren keinen Sinn und keine Sicherheit. Gewohnheiten schleichen sich ein und sind Lückenbüßer, wenn es nichts Besseres zu tun gibt, weil es gerade passt oder bequem ist. Vor allem Kinder ziehen sich bei wahllosen und willkürlichen Handlungen zurück, weil es sie verunsichert.

Rituale dagegen vermitteln Kindern Liebe und Wertschätzung. Sie sind Teil eines Programms und passieren nicht einfach. Es ist mit ihnen im positivsten Sinn zu rechnen. Rituale brauchen Zeit, die man sich nehmen muss. Man ist sich ihrer bewusst, ihrer Symbolik, ihres Sinns und des Signals, das sie setzen: Wir gehören zusammen, wir machen das immer so, aus einem ganz bestimmten Grund: Weil es uns guttut.

Menschen brauchen genau dieses Gefühl von Gemeinschaft und das Selbstverständnis, dass sie so wichtig sind, dass man sich regelmäßig Zeit für sie nimmt. Gewohnheiten sind dagegen von eingeschränktem Nutzen und oft nachlässigem Charakter. Sie geschehen unbewusst. Gewohnheiten haben zwar ähnliche Merkmale wie Rituale, doch eines unterscheidet sie ganz klar: das Bewusstsein.

Rituale im Alltag

Gute Rituale sind unabhängig von Alter, Ort oder beruflichem Status und richten sich möglichst an alle Beteiligten. Verschiedene Ritualtypen, die mal mehr, mal weniger ziel- und wirkungsorientiert sind, rufen Verbindlichkeit, Beständigkeit und Sicherheit hervor. Einige für die Familie wichtige Ritualtypen sind unter anderem Beruhigungs-, Spiel-, Wunsch-, Einschlaf-, Liebes- und Verständnisrituale, die sowohl täglich, monatlich als auch jährlich zum Einsatz kommen können.

Familienrituale finden natürlich mit den Kindern, unter den Geschwistern und innerhalb der ganzen Familie statt, aber auch Rituale für das Elternpaar sind wichtig, denn hier sitzt die Basis für den Zusammenhalt der Familie.

Wenn zu viele Fragen in der Elternbeziehung ungeklärt sind, ist es mühsam, Rituale einzuführen und regelmäßig zu begehen. Erst wenn die Grundlage geschaffen ist und Klarheit über Beziehungsfragen, Finanzen und gewählte Lebensform besteht, entfalten Rituale ihre volle Wirkung und machen die Verbindung zu Partner und Kindern einmalig und wertvoll. Rituale können nur bei gegenseitiger Toleranz und Experimentierfreude das Familienleben vervollkommnen und dauerhaft Wurzeln schlagen. Im gemeinsamen Tagesablauf schaffen sie Verbundenheit sowie geistige, seelische und körperliche Nähe und Kraft. Mit Ritualen kann sich jedes Familienmitglied als wertvoller Bestandteil des Ganzen fühlen, sich persönlich entwickeln und die anderen in ihrer Individualität bewusster wahrnehmen und achten.

Ein gemeinsamer Tagesrückblick am Abend ist zum Beispiel für die Kleinen und die Erwachsenen gleichermaßen ein Ritual des Loslassens und Verabschiedens des Tages.

Ein Ritual sollte in einer wiederkehrenden Abfolge möglich sein und kann an ein Lied oder eine Hintergrundmusik gekoppelt sein. Zähneputzen bei Kleinkindern kann man wunderbar mit einem Lied verbinden. So machen die Kleinen nach einer Zeit ganz von alleine mit, sobald sie das Zahnputz-Lied hören. Oder es fallen den Kindern schon beim Erklingen der ersten Töne des allabendlichen Schlafliedes die Augen zu. Morgens kann das unbeabsichtigte Scheppern der Teller in der Küche ein akustisches Signal für das Aufstehen sein. Rituale werden oft auch, bewusst oder unbewusst, von Gerüchen begleitet. Das Parfum der Mutter und das Klappern der hochhackigen Schuhe auf der Steintreppe läuten den Abend der Eltern ein, bevor diese sich verabschieden. Selbst so banale Gerüche wie die von Wasch- und Putzmitteln, die zu Hause längst nicht mehr bewusst wahrgenommen werden, setzen auch Jahre später noch Erinnerungen frei und vermitteln Geborgenheit. Cremes, Lippenpflegestifte und Zahnpasten, die wir verwenden, werden dann bestenfalls mit einem angenehmen Ritual und einem Gefühl der Geborgenheit und des Wohlbefindens in Verbindung gebracht.

Rituale verändern sich so, wie wir uns verändern, und ebenso sehr, wie Kinder größer werden. Rituale müssen daher von Zeit zu Zeit dahingehend überprüft werden, ob sie noch zu uns passen. So verdirbt zum Beispiel das Bedürfnis nach Selbstbestimmung Heranwachsenden oft die Lust an kindlichen Ritualen. Geborgenheit und Verlässlichkeit sind zwar immer noch wichtig, sollten sich nun jedoch in neuen Ritualen wiederfinden, die sich in angemessenem, erwachsenem Kleid zeigen.

Spontaneitätsrituale

Ein spontanes Ereignis wäre ohne immer wiederkehrende Abläufe nur halb so viel wert. Rituale liefern Struktur, Sicherheit und Geborgenheit – die Grundpfeiler eines ausgeglichenen Menschen. Doch wäre ein Leben, das ausschließlich aus Ritualen bestünde, nicht eintönig?

Spontaneität bedeutet Ausnahme, Ungeplantes, Überraschendes und Außergewöhnliches. Sind Rituale und Spontaneität zu gegensätzlich, um miteinander verbunden werden zu können? Ganz und gar nicht.

Eines der schönsten Rituale ist in meinen Augen daher das Ritual der Spontaneität. Es soll aus der Routine herausreißen und dazu motivieren, Neues auszuprobieren. Es birgt die Chance, unbekanntes Terrain für sich und andere zu erschließen, seinen Horizont zu erweitern und sich vorbehaltlos auf Neues einzulassen.

Überraschen Sie sich gegenseitig ein- bis zweimal pro Monat mit einer neuen originellen Idee, auf die Sie sich abwechselnd einlassen. Das kann eine Runde Wasserski oder eine Probefahrt mit einem Quad, ein Besuch in der Gokart-Halle, eine Poolparty, eine Überraschungsübernachtung im Hotel oder Ähnliches sein. Dieses Ritual eignet sich ausgezeichnet für das Elternpaar, um ihre Beziehung lebendig und abwechslungsreich zu halten, macht aber auch für die ganze Familie Sinn.

Überraschungsrituale

Da Kinder uns sowieso oft überraschen, können Sie zusätzlich ein Ritual der Überraschungen einführen. Einmal im Monat ist jedes Familienmitglied dran, die anderen oder auch nur einen Einzelnen aus der Familie positiv zu überraschen.

Für negative Überraschungen gibt das Geständnisritual jedem Familienmitglied den offiziell passenden Rahmen, um auch Hiobsbotschaften loszuwerden. Dieses Ritual eignet sich vor allem für Kandidaten, die gerne mal ein Geheimnis zu lange mit sich herumtragen oder kleine Unglücksraben sind (s. auch unter »Der Wahrheit auf der Spur«).

Veränderung lästiger Gewohnheiten

Gehen Sie bei der Suche nach den passenden Familienritualen nach dem Motto von Ellen Goodman vor: »Gewohnheiten, die man nicht überprüft, nehmen den Platz ein, den wir für Neues benötigen.«

Schreiben Sie auf, welche Gewohnheiten Sie lieb gewonnen haben und welche Sie stören. Was gefällt Ihnen gut und was nicht? Wagen Sie sich an das Ausmisten von Gewohnheiten. Sinnlose Gewohnheiten können oft den Platz für wert- und sinnvolle Rituale stehlen, den Sie so wieder freimachen und neu belegen können. So etwa das unkommunikative, all-abendliche Nachhausekommen und erst mal vor dem Fernseher auf die Couch fallen. Oder das Zeitunglesen am Frühstückstisch. Das sind an sich keine schrecklichen Gewohnheiten, aber sie halten Momente besetzt, die sie im Austausch mit Ihrer Familie verbringen könnten, der mitunter ebenso erholsam und informativ sein kann.

Was wünschen Sie sich und was fehlt Ihnen? Formulieren Sie gemeinsam Ihre jeweiligen Wünsche an Ihre Paarbeziehung und Familie sowie die Rolle, die Sie im Leben des jeweils anderen spielen möchten. Dieses Nachdenken, Planen und Durchführen von neuen Ideen und Ritualen kann wiederum selbst als regelmäßiges Ritual zelebriert werden und die Gestaltung des Familienlebens somit flexibel und dynamisch halten.

Rituale einführen

Rituale entstehen oft von selbst. Eine Handlung ergibt die nächste. Wenn uns bestimmte Abfolgen gefallen und wir – im Gegensatz zu bloßen Gewohnheiten – auch emotional etwas damit verbinden können, ist zwar noch kein festes Ritual geboren. Wenn wir uns jedoch bewusst daran erinnern, den Handlungsablauf wiederholen und er weiterhin eine positive Wirkung auf uns hat, kann ein bleibendes Ritual daraus entstehen. Das gilt dabei für jeden Einzelnen. Wenn mehrere Menschen in einem sozialen Netz wie dem der Familie leben und von Ritualen profitieren sollen, muss ein Ritual für alle ein Zugewinn sein.

Manch ein Ritual entwickelt sich von selbst, sollte aber nicht aufrechterhalten werden, wenn es nur einem Einzelnen gefällt oder nur vermeintliche Zufriedenheit bringt.

Rituale, die der ganzen Familie guttun, kommen oft nicht von alleine und bedürfen einer Anregung und eines konkreten Vorschlags. Ein neuer Ablauf von Handlungen, der zum ersten Mal umgesetzt wird, bevor er sich dauerhaft etablieren kann und von allen akzeptiert wird, muss geplant sein. Eine verbindliche Ansage ist der erste Anstoß, den ein bewusst gesetztes Ritual braucht, um in einer Familie Fuß zu fassen.

Bringen Sie den Stein ins Rollen, indem Sie etwas tun oder sagen, von dem Sie sich eine Verbesserung – auf welchem Gebiet auch immer – erhoffen. Warten Sie die Reaktionen Ihrer Familie ab und bringen Sie klar zum Ausdruck, was gefällt und was nicht. Im Anschluss können Sie sich gemeinsam neue Handlungsabläufe und Rituale ausdenken, die das Familienleben harmonischer gestalten, sodass alle auf ihre Kosten kommen und zufrieden sind.

Auf diese Weise kreieren Sie Ihre eigenen Rituale. Was allen gefällt, wird in regelmäßigen Abständen immer wieder nicht nur ins Gedächtnis gerufen, sondern auch in die Tat umgesetzt. Jedes Mitglied der Familie soll an der Entstehung neuer Rituale beteiligt sein. Wenn ein Ritual beim ersten Versuch nicht allen gefällt, wird es so angepasst oder ersetzt, dass sich alle darin wiederfinden. Ist ein Ritual veraltet oder einfach nicht mehr angemessen, kann man es gemeinsam verabschieden oder aktualisieren. Nur so bleibt das Miteinander lebendig und abwechslungsreich. Die Langeweile und der Alltagstrott haben keine Chance und unliebsame Gewohnheiten entstehen erst gar nicht, beziehungsweise lösen sich wieder auf. Natürlich passt nicht jedes Ritual in jede Familie. Jede Gruppe entwickelt ihre eigenen besonderen Rituale, die sie einzigartig machen.

Das Einführen von Ritualen klappt meist dann hervorragend, wenn man Hobbys der Kinder oder Eltern damit fördert. Auch oder gerade, wenn es sich um ein Freizeitverhalten Ihrer Lieben handelt, das Ihnen so gar nicht gefällt: Bremsen Sie es nicht, sondern drehen Sie den Spieß einfach um und geben Sie der ungeliebten Eigenheit oder Schrulle innerhalb einer Familienunternehmung Raum. So lassen Sie Zufriedenheit für andere Familienmitglieder zu und können gleichzeitig eigene wichtige Ritualen integrieren. Lassen Sie Ihren pubertierenden Sohn die Party mit seinen in Ihren Augen dubiosen Freunden feiern. Verbinden Sie die Party aber mit dem Familienritual einer Grillparty, bei dem zuvor alle mithelfen und durch die auch die Partygäste mitverpflegt werden. Während Sie mit Freunden, anderen Familienmitgliedern und Nachbarn im Garten essen, können die Jugendlichen sich ihre Disco drinnen oder im Hobbykeller einrichten.

Solche Kompromisse sind auch in der Ehe sehr wichtig und werden oft dankbar wahrgenommen. Kaufen Sie beispielsweise Ihrem Partner Karten für die heiß geliebte Oper, auch wenn Sie selbst Opern nicht ausstehen können. Lassen Sie ihn von einem weiteren Opernliebhaber, etwa seinem Vater, begleiten. So haben Vater und Sohn mal wieder einen gemeinsamen Abend und Sie können gleichzeitig für Opa-Dienste danken. In der Zwischenzeit können Sie Ihr monatliches Paarritual, etwa ein Mitternachtsmenü vor offenem Kamin, vorbereiten, das nur Ihnen beiden gehört und den Abend für beide schön ausklingen lässt.

Rituale zwischen Krabbelstube, Kindergarten, Tagesstätte und Co.

> In der Wahl seiner Eltern kann man nie vorsichtig genug sein.
>
> *Paul Watzlawik*

Meine Bewunderung gilt den Müttern oder Vätern, die sich direkt nach der Geburt bis zum Kindergarten nonstop um ihre Kleinkinder kümmern und sich so den Bedürfnissen und Launen ihrer lieben Kleinen gänzlich ausliefern. Drei Jahre lang und mehr ist das Leben dieser Eltern komplett umgekrempelt. Alte Rituale verschwinden oft ersatzlos. Neue Rituale kommen nicht zum Zug, weil der anstrengende Tag durch seine schnell aufeinanderfolgenden Herausforderungen das Innehalten verbietet. Oftmals sind es die Mütter, deren einziges Ritual bloß noch aus dem regelmäßigen Gang zum Spielplatz und den Begegnungen mit anderen Müttern bei ähnlich klingenden Gesprächen besteht. Kein Wunder, dass manche Mutter und auch mittlerweile der eine oder andere Vater durch die Wucht des Elterndaseins zu Boden geht.

Einem Kleinkind oder mehreren Kindern auf einmal gerecht werden zu wollen, und das vierundzwanzig Stunden am Tag, würde einem Job entsprechen, bei dem der Chef und die Kollegen jederzeit über Sie verfügen könnten. Ob es nachts um zwei oder abends um neun Uhr ist, immer ist etwas Neues brandeilig und muss sofort erledigt werden. Handelt es sich um Zahnschmerzen oder plötzlich auftretendes Fieber, den Hunger eines Säuglings oder das große Heulen wegen des ersten Liebeskummers – selten ist ein Aufschub passend oder möglich. Mutter und Vater sind zur Stelle, ganz unabhängig von ihrem Alter, ihren eigenen Bedürfnissen, ihrem Beruf oder ihrem eigenen körperlichen und seelischen Zustand.

Sie stellen alles zurück und hetzen hinter Problemen und Lösungen her, um ihren Lieben gerecht zu werden. Wenn Ihr Chef Sie jederzeit zur Arbeit rufen könnte, wäre das für Sie sicherlich der reinste Horror. Bei Kindern scheint man es akzeptieren zu wollen oder zumindest zu müssen. Dies macht selbstlose Elternliebe schließlich aus. Doch darf man das eigene Gleichgewicht und die eigenen Bedürfnisse nicht aus den Augen verlieren. Rituale können hier helfen, damit Eltern nicht »heißlaufen«. Denn letztlich leiden auch die Kinder unter gestressten, ausgebrannten Vätern und Müttern.

Freiraum schaffen

Mir erscheint die Verantwortung und Belastung einer einzigen oder zweier Bezugspersonen für ein oder mehrere Kinder zu hoch. Deshalb kann ich nur dringend anraten, Rituale zu bilden, in denen Kindern und Eltern die Möglichkeit gegeben wird, sich auch in einem anderen als dem engsten Familienkreise zu entfalten. Das kann ein- bis zweimal pro Woche eine Krabbelstube mit anderen gleichaltrigen Kleinkindern, ein Kindergarten oder Jugendtreff sein, wo sich die energiegeladenen Kids abreagieren können. Auch andere Einrichtungen wie Sport-, Musik- und sonstige Vereine eignen sich hervorragend, um die Erfahrung zu machen, eigene Lebensbereiche, Projekte und Erfolgserlebnisse zu haben – für die Kinder ebenso sehr wie für die Eltern! Umso größer ist dann das Mitteilungsbedürfnis und der Austausch mit den Kindern, um das Erlebte und Erlernte zu teilen.

Gerade für die Eltern gilt auch: Schaffen und nehmen Sie sich Freiraum – Zeiträume der Ruhe, die für Sie allein reserviert sind und die Sie nur für Ihr persönliches Wohlbefinden, Ihre Entfaltung und Entspannung nutzen. Wenn Sie das in Ihren Familienalltag regelmäßig integrieren können, ist das wunderbar. Wenn nicht, ist es wichtig, gezielt Ruheinseln dafür zu schaffen. Schicken Sie die Kinder nicht nur zu Kindertagesstätten und Spielgruppen, wenn Sie arbeiten und sich wirklich nicht um die Kleinen kümmern können. Es ist kein Zeichen mangelnder Liebe, wenn Sie einmal in der Woche die Kinder ein bis zwei Stunden anderen zur Aufsicht überlassen, um so Zeit für sich zu finden und die Batterien wieder aufzuladen.

Denn sich einmal ganz bewusst und ungestört über einen angemessenen Zeitraum hinweg als Individuum mit eigenen Bedürfnissen wahrzunehmen, gehört auch zum Elterndasein dazu, nicht zuletzt, um sich anschließend wieder liebevoll kümmern zu können.

Für die Eltern ergibt sich durch den dank Kinderbetreuungsstätten entstehenden Freiraum die Möglichkeit, ihre persönlichen Rituale zu leben. Nehmen Sie sich Zeit zum Luftholen und zur Neu-Orientierung. Persönliche Rituale, die Ihren Bedürfnissen entsprechen, sind für Ihr Gleichgewicht notwendig. Zunächst ist es wahrscheinlich nicht leicht, ein stimmiges Ritual zu entwickeln. Mit der Zeit wird sich aber sicherlich ein passendes Ritual herauskristallisieren, um die Zeit wertvoll zu nutzen. Sei es, dass Sie nach durchwachter Nacht Schlaf nachholen müssen, Sport treiben oder ein gutes Buch lesen. Und auch für Sie als Eltern sind eigene Bereiche wichtig: eine Mitgliedschaft in einem Sportverein, einer Musikgruppe oder einer Skat-Runde geben Abstand und Freiraum für die Selbstverwirklichung, selbst wenn sie nur einmal im Monat stattfinden.

Wenn Sie nicht involviert sind in solche Vereine oder Ähnliches, dann genießen Sie einmal das Haus ganz für sich in aller Stille. Räumen Sie nicht auf oder dergleichen, sondern erleben Sie ganz bewusst diesen gemeinsamen Lebensraum und nutzen Sie die Zeit zum Nachdenken oder Meditieren. Wenn Sie wollen, können Sie jedes Mal eine Duftlampe oder -kerze anzünden, um sich mit allen Sinnen auf diese Auszeit für sich einzustimmen. Tragen Sie Ihre Lieblingskleidung und machen Sie es sich einfach mal gemütlich und tun Sie einmal – nichts.

Sie werden sehen, wie schwer das mitunter sein kann – und wie erholsam.

Arbeitsrituale für zu Hause

Auch Rituale, die mit der Arbeit und lästigen Pflichten zu tun haben, können der Seele gut tun. Geben Sie Ihren Aufgaben einen festen Raum im Tagesablauf und einen Rahmen von bestimmten wiederkehrenden äußeren Bedingungen. Solche Bedingungen werden zum Beispiel dadurch erfüllt, dass Sie sich immer dann an den Schreibtisch setzen, während die Putzfee durchs Haus wedelt oder nachdem Sie nachmittags die Tochter zum Sporttreff gefahren haben und Ruhe einkehrt. Vielleicht haben Sie am Marktstand eine frische Lammkeule mitgenommen, die Sie zu Hause in den Ofen schieben und so lange konzentriert und ungestört arbeiten, bis das Lamm fertig ist und Sie die Tochter wieder abholen. Somit ist stets klar, wann Sie wie lange arbeiten. Sie können sich ganz auf Ihre Arbeit konzentrieren, haben dabei nicht das Gefühl, andere Pflichten zu vernachlässigen, und schaffen so ihr geplantes Pensum.

Wenn Sie Ihre Tochter dann abholen, haben Sie Gelegenheit, sich zu zweit auszutauschen und vielleicht beim nahe gelegenen Italiener vorbeizufahren und Eis für den Nachtisch zu besorgen. So fügt sich eins zum anderen.

Inhaltlich können Sie ein Arbeitsritual, das in Form und Zeit immer gleich ablaufen sollte, so gestalten, dass ein Selbstläufer daraus wird. Sie denken nicht darüber nach, sondern setzen sich automatisch an den Schreibtisch, indem Sie erstens genau diesen Zeitraum für diese Aufgaben vorbestimmt haben und zweitens durch kleine Rituale den Übergang von Familien- und Haushaltspflichten zur Arbeit besser schaffen. Manchmal helfen einleitende Tätigkeiten, diesen Übergang zu erleichtern: Brühen Sie sich einen Tee auf, während der Computer hochgefahren wird, und führen Sie, um warm zu werden, schon die ersten Telefonate und machen sich eine Aufgabenliste, um sich einen Überblick zu verschaffen, was Sie heute alles erledigen wollen. Solche Aufwärmtätigkeiten sind für viele ein Beruhigungsritual, weil jeder Handgriff in der gleichen Abfolge wiederkehrt und den anstehenden Aufgaben das Unangenehme etwas nimmt. Dieser immer gleiche Anfang vermittelt außerdem Zuversicht, auch die heute anstehenden Aufgaben bewältigen zu können.

Erste Schritte in den Kindergarten: Abschieds- und Wiedersehensrituale

Welche Rituale entstehen, hängt vom Alter der Kinder und natürlich der Gesamtsituation ab. Wer schon früh seine Kinder in Spielgruppen unterbringt, fördert nicht nur ihr soziales Verhalten, Selbstbewusstsein und eine gute Immunabwehr, sondern auch ein Leben, das durch Rituale geordnet wird. Das Kind erlebt den Übergang vom Zuhause in das externe Leben als schönes Ritual, wenn er entsprechend kultiviert wird: eine herzliche Verabschiedung, das Zelebrieren der Vorfreude auf die anderen Kinder und auf das Meer von Ritualen, das die Kinder dort in Form von Stuhlkreisen, besonderen Begrüßungen, Essens- und Spielabläufen erwartet. Die spielerische Vermittlung von anderen Werten und religiösen Traditionen im Jahreskreislauf, wie sie in Kindergärten stattfindet, ergänzt die Erziehung und Entwicklung zum eigenständigen Menschen. Zusammen mit dem Gemeinschaftserlebnis wird so das Vertrauen bestärkt, auch an anderen Orten als dem Elternhaus Beständigkeit zu erfahren.

Ritualisieren Sie auch die Rückkehr von solchen Betreuungs- und Spielstätten ins Familiennest: Das freudige Wiedersehen beim Abholen, der kurze Halt am Waldspielplatz, um dort fünfmal mit der Handseilbahn zu fahren und sich dann zu Hause ins Bett fallen zu lassen und die Lieblings-CD bis zum Essen zu hören, runden den elternfreien Nachmittag ab.

Das Ritual des Bringens und Abholens sowie der immer wieder gleiche Tagesablauf vermitteln dem Kind Sicherheit, die es vielleicht zu Hause in diesem Maße nicht erfahren würde. Zu Hause sind viele Kinder oftmals den Launen ihrer meist tagsüber auf sich allein gestellten Betreuungsperson ausgesetzt. In einer Kindertagesstätte ist der Umgang mit den Kindern und Erziehern klar geregelt. Der Tag, der Monat und das Jahr bestehen aus wiederkehrenden einzelnen Ritualen und verhelfen dem Kind nicht nur zu schönen Ritualen und Erlebnissen außer Haus, sondern auch zu Mut und Selbstvertrauen.

Manche Eltern schrecken vor dem Gedanken zurück, gerade ihre kleinen Kinder in eine Kindertagesstätte zu geben. Hier handelt es sich um freiwillige Angebote. Kein Kind muss zwingend jeden Tag in eine Spielgruppe. Wenn Sie Ihr Kind also einen Tag zu Hause haben wollen oder ein Ausflugsritual in der Mitte der Woche kreieren, ist dies immer möglich und wünschenswert. Sinnvoll ist dabei, wie oben erwähnt, feste Auswärts- und feste Elterntage einzuführen, damit sich auch die innere Uhr der Kinder darauf einstellen kann und ihre Woche einen zuverlässigen Rhythmus erhält.

Kinder sind verschieden und brauchen eine genau auf sie zugeschnittene Betreuungsform. Daher sollte sich die Stundenzahl der Zeit außer Haus nach dem einzelnen Kind richten. Manchen Kindern gefällt der Kindergarten so gut, dass sie am liebsten über die Öffnungszeiten hinaus dort bleiben möchten, bei anderen führen der Lautstärkepegel und die fehlende häusliche Geborgenheit zu Kummer. Jedes Kind sollte sich gut aufgehoben fühlen. Dieser Anspruch kann durchaus mal zu einem Einrichtungswechsel oder einer Umstellung der Zeiten führen. Bei all den Überlegungen stehen die Bedürfnisse des Kindes im Fokus. Sind alle Kinder versorgt, können Sie beide als Paar, wenn Sie außerplanmäßigen Urlaub nehmen, einige Stunden in Ruhe und trauter Zweisamkeit erleben. Derart ungestört und völlig für sich können Sie so manchen Pärchentag wie früher erleben. In diese Zeit sollten Sie dann Ihre persönlichen Beziehungsrituale legen. Ritualisieren Sie, sich beide gelegentlich freizunehmen oder Überstunden abzubauen, um nur füreinander da zu sein und ihr intimes Paarritual zu zelebrieren.

Zusammen sind wir stark –
Rituale und Spiele für die ganze Familie

> Wir sitzen alle im gleichen Zug,
> aber viele im falschen Coupé.
>
> *Erich Kästner*

Wie verbunden fühlen Sie sich mit Ihren Familienmitgliedern? Sind Sie mit allen so verbunden und vertraut, wie Sie es sich wünschen? Durch selbst entwickelte, regelmäßige Rituale und Spielsituationen lernen Sie sich zum einen besser kennen und verstehen, geben sich aber auch gegenseitig Halt und kommen einander näher. Vermitteln Sie durch die Wiederholung bestimmter eigens kreierter Spiele und Familienideen ein einmaliges Zusammengehörigkeitsgefühl.

Je mehr Menschen zu einer Gemeinschaft gehören, desto mehr muss man darauf achten, dass jeder in seinen Interessen berücksichtigt wird. Rituale sind die Eckpfeiler einer Familie. Manches Ritual oder Spiel wirkt auf den einen anregend, aber auf den anderen frustrierend oder langweilig. Gerade die Familienfreizeitaktivitäten müssen für alle Seiten einen Zugewinn darstellen. Deshalb ist es wichtig, genau hinzusehen.

Was ist Kindern wichtig?

Familiäre Geborgenheit, Mitbestimmung, Erfolg in Schule oder Ausbildung, gute Freunde, Action, Bewegung, Sport, aber auch Medien wie Fernsehen, Internet und Computerspiele sind Kindern wichtig und bestimmen ihre Wünsche.

Vor allem Freunde sind als Spielkameraden für Kinder ab dem Grundschulalter besonders wichtig. Eltern und Großeltern treten langsam in den Hintergrund, da ein Gleichaltriger viel mehr Spaß und Ideen auf derselben Wellenlänge auf Lager hat. Außerdem begegnen sich Gleichaltrige mehr als nur physisch auf einer Augenhöhe: Sie sind im selben Alter, haben meist denselben Tagesablauf und ähnliche Interessen und Sorgen. Sie können einander eine Bestätigung vermitteln, die Eltern den Kindern nicht geben können. Beim Laufen, Klettern und Toben mit Gleichaltrigen lotet Ihr Kind seine Grenzen aus, es lernt sich und seine Fähigkeiten einzuschätzen und mit Enttäuschungen umzugehen, wenn mal etwas danebengeht. Das stärkt nicht nur sein Selbstbewusstsein, sondern auch seine sozialen und kommunikativen Fähigkeiten und es lernt, sich in der Gruppe zu behaupten und auch mal Kompromisse zu schließen.

Jedes Familienmitglied sollte seinen individuellen Bedürfnissen nach Freunden und Spielen außer Haus ausgiebig nachgehen können. Familiäres Zusammensein sollte jedoch auch stattfinden, in regelmäßigen Abständen, auf die sich jeder verlassen kann.

Das Steckbrief-Ritual

Damit wir die anderen so kennenlernen, wie sie in ihrem Freundeskreis auftreten und wie sie sich selbst wahrnehmen, ist ein selbst geschriebener Steckbrief eine gute Idee. Jeder schreibt sein eigenes Profil und seine Vorlieben auf. Der Steckbrief wird an die Wand in Küche oder Wohnzimmer gehängt, bis nach circa einem halben Jahr ein aktueller den alten ablöst. Zum Geburtstag gibt es von den anderen Familienmitgliedern einen Steckbrief, in dem steht, wie sie das Geburtstagskind sehen. Es gehören natürlich Name, Foto und verschiedene Rubriken hinein, die immer wieder altersgemäß angepasst werden können, zum Beispiel.

- »Das mag ich gern«,
- »Das mag ich gar nicht«,
- Lieblingsessen,
- Lieblingsmusik,

- »Wenn ich ein Tier wäre, dann ein …« usw.
- mein größter Wunsch

Mit kleineren Kindern können Sie dieses Ritual zu einem Bastelritual ausweiten, indem Sie die Bögen bemalen und bekleben, sodass die verschiedenen Persönlichkeiten bei jedem Steckbrief auch in der jeweiligen Gestaltung zum Ausdruck kommen.

Spielformen

Auch Spiele fördern das Zusammengehörigkeitsgefühl, machen Spaß und lassen uns einander besser kennenlernen. Wir müssen nicht immer ein Spielbrett aufbauen, um das Gefühl von echtem Spielen zu haben. Wartezeiten in Autos, Bahnhöfen, Zügen oder Arztpraxen können Sie mit Denk- und Ratespielen verkürzen und verschönern. Es muss dabei nicht immer »Ich sehe was, was Du nicht siehst« sein. Damit sich die Stimmung bei allen aufhellt, sollte das Spiel anregend sein. Das geschieht, wenn es so spannend ist, dass sich alle Aufmerksamkeit darauf richtet.

Personenraten ist eine Möglichkeit, die interessenabhängig so abgewandelt werden kann, dass sie für jeden kurzweilig ist und nüchterne, einschläfernde Orte und Zeiten überbrücken kann. Personen aus dem Familien- und Freundeskreis sind für kleinere Rater, Prominente aus dem öffentlichen Leben und aus dem Sport sind für größere und Persönlichkeiten aus Politik, Wissenschaft und Kunst für die fast erwachsenen oder volljährigen Mitspieler geeignet.

Wenn man im Stau steht, kann man einen Wettbewerb eröffnen, wer aus den Buchstaben der Nummernschilder von umgebenden Autos die lustigsten Sätze bilden kann. Der Fantasie sind keine Grenzen gesetzt, und so kann Lachen den Platz einnehmen, den sonst Frust, Ungeduld und schlechte Laune belegt hätten.

Klassische Familienspiele

Auch Brettspiele sind wichtig und bringen die Familie zusammen. Für das logische Denken ist Schach für Kinder ab fünf oder sechs Jahren besonders nützlich. Vielen Kindern macht das Schachspielen Spaß. Sie gehen unvoreingenommen an das Spiel heran und spielen es dabei oft nicht hoch konzentriert und leise, wie es Erwachsene tun, sondern begleiten das Spiel mit coolen Sprüchen und Siegesrufen. Um auch dem wichtigen gemeinsamen Erleben zwischen zwei Personen Raum zu geben, ist Schach das geeignete Spiel, bei dem selbst ältere Mitspieler gefordert sind. Beim Schachspiel muss sich niemand zugunsten der Spielfreude des Jüngeren langweilen.

Der Klassiker unter den Gesellschaftsspielen ist natürlich »Mensch ärgere dich nicht« und immer noch für Familienspielabende fraglos bestens geeignet. Hier gehen auch die zurückhaltendsten Kinder und Erwachsenen aus sich raus, während jeder jeden jagt und selbst gejagt wird. Wer das Spiel verkürzen will oder kurz vor dem Schlafengehen noch eines beginnt, kann die Variante mit zwei Würfeln für schnelle Spiele ausprobieren. Hier müssen zusätzlich noch die Punkte der beiden Würfel addiert werden und das Spiel gewinnt dadurch sogar pädagogischen Anreiz. Die Spielfiguren sausen mit zwei Würfeln über das Brett, auf der Zielgeraden vor dem Haus sollten Sie allerdings auf einen Würfel umsteigen, damit sich das Spiel nicht doch noch in die Länge zieht. Jedes Spiel können Sie so Ihren Bedürfnissen entsprechend anpassen. Erfinden Sie gemeinsame neue Regeln. Denn auch das können Rituale sein: Wir haben Uno, Mensch ärgere dich nicht, etc. immer *so* gespielt!

Oder Sie stellen die Spiele selbst her und gestalten Sie dabei ganz individuell:

Foto-Memory

Im Zeitalter der digitalen Fotografie verschwinden die meisten der Fotos gut archiviert, aber oft ungesehen im Computer. Holen Sie sie aus der Versenkung und verwenden Sie sie für Ihre ganz persönliche Version von Memory:

Drucken Sie je nach Anzahl der Mitspieler zwischen fünfzehn und dreißig Fotos jeweils doppelt im selben Format aus. Die Rückseite soll bei allen ausnahmslos gleich aussehen.

Legen Sie sie verdeckt auf den Tisch. Dann müssen von den Spielern immer pärchenweise die Fotos zusammengefunden werden. Es dürfen immer nur zwei pro Zug angesehen werden. Wenn sie nicht identisch sind, werden sie wieder verdeckt zurück auf den Tisch gelegt. Findet man mit Glück oder gutem Gedächtnis zwei gleiche, darf man sie behalten und noch einmal spielen. Dann ist der Nächste dran. Gewonnen hat, wer am Schluss die meisten Pärchen hat. Das ist auch ein tolles Spiel, wenn die Großeltern oder andere Verwandte zu Besuch kommen, die all die Fotos noch nie gesehen haben. Wenn Sie möchten, können sich die Gäste danach ein paar schöne Fotos davon aussuchen und mit nach Hause nehmen.

Spiele für die ganz Kleinen und die Großen

Wenn Ihre Jüngsten noch zu klein sind, um Brettspiele zu begreifen, können Sie trotzdem mit Ihnen Spiele finden, die auch für Sie und die anderen interessant sind und Spaß bringen. Spielen Sie zum Beispiel das Tastspiel.

Dabei holt jedes Familienmitglied aus seinem Spielzeug oder Arbeitsbereich ein Stück, das jeweils unter einem Tuch versteckt wird. Jeder darf anhand seines Tastsinns unter dem Tuch erfühlen, um was es sich handelt und zu wem es gehört. Hier können auch schon die ganz Kleinen mitmachen und haben riesig Spaß daran. Das können Sie auch variieren, indem Sie bei einer größeren Familie oder bei einem Familienfest »Händeraten« spielen. Dabei muss der Spieler mit verbundenen Augen erraten, welche Hand er da unter dem Tuch ertastet.

Oder Sie spielen ein Fantasiespiel, bei dem man sich näher kennenlernt und viel lachen kann. Stellen Sie die Frage in die Runde: Welches Tier oder welche Pflanze ähnelt unserem Partner, Bruder, Schwester, Kind, Mutter oder Vater? Jeder darf für sich selbst und die einzelnen Familienmitglieder Tiere oder Pflanzen aussuchen und danach erklären, warum er sie so sieht. Die gewählten Tiere oder Pflanzen können zusätzlich gezeichnet werden. Jeder kann ein Bild zu seiner Familie als Tiere oder Pflanzen malen oder eine Tiermaske basteln. Später wird im Tier- und Pflanzenlexikon nachgelesen, was diese Wesen auszeichnet, von was sie sich ernähren und in welchem Zusammenhang sie mit den anderen Tieren und Pflanzen stehen.

Das Ritual »Nacht des offenen Schlafzimmers«

Gerade kleine Kinder sehnen sich nach Nähe und Nestwärme, daher überfallen sie gerne einmal die noch verschlafenen Eltern früh morgens am Wochenende. Und auch abends ist das Elternbett für die Kleinen ein Ort der Geborgenheit, den sie dem eigenen Bett vorziehen. Ein Schlafzimmer für alle ist gemütlich, kuschelig und Familie pur. Wer trotzdem manchmal mit seinem Partner das Schlafzimmer für sich haben möchte, handhabt es am besten so, dass alle immer im eigenen Zimmer schlafen. Ein schönes, ausgleichendes Ritual, von dem auch die Eltern etwas haben, wäre die »Nacht des offenen Schlafzimmers«, in der alle Kinder das Elternschlafzimmer stürmen dürfen. An den übrigen Tagen schläft dafür jeder in seinem Bett. Zum Beispiel können Sie von Samstag auf Sonntag den Familienschlaftag im gemeinsamen Bett einrichten, sodass die übermüdeten Geister noch einen Tag zur Erholung haben. Das gemeinsame Aufstehen und Sonntagmorgenfrühstück runden dann dieses Familienritual ab.

Rituale »One-to-One«

Für manche Kinder, die oft wegen kleinerer Geschwister oder dem anstrengenden Beruf zu kurz kommen, kann es wichtig sein, dass sich gelegentlich nur ein Lehrer oder ein Erwachsener um sie kümmert und eine Stunde voll und ganz auf sie eingehen kann. Ein Einzelschwimmkurs oder Einzelmusikunterricht kann einem solchen Kind helfen, Ich-Kraft und -Energie zu tanken, um sich in seiner Individualität wieder wahrzunehmen. Das ist manchmal erforderlich, damit das Kind lernt, sich im gemeinsamen Spiel mit seinen Vorstellungen und Wünschen einzubringen und auch in der Gruppe dann als eigenständige Person zu bestehen und zu behaupten.

Schenken aber auch Sie Ihren Kindern Ihre Zeit. Das ist das Wertvollste, das Sie Ihnen geben können. Schenken Sie Ihren Kindern Zeiträume, in denen sie ganz alleine im Mittelpunkt stehen dürfen und Ihre ungeteilte Aufmerksamkeit bekommen. Eine halbe Stunde oder Stunde hat ein Kind einen Elternteil ganz für sich. Das Kind darf sich etwas wünschen, was es gerne in dieser Zeit machen möchte. Egal, ob es sich um ein Vollmondfeuer handelt oder das Wahrheit-oder-Pflicht-Spiel, gehen Sie, soweit möglich, auf die Wünsche Ihres Kindes ein. Selbst wenn es sich wünscht, gemeinsam fernzusehen, ist das nicht von vornherein auszuschlagen. Vielleicht möchte es seine Lieblingssendung mit Ihnen teilen, Ihnen zeigen, was ihm gefällt etc. Zur Fernsehstunde sollte dieses Ritual allerdings nicht werden.

Sie könnten für diesen Zeitraum gemeinsame Projekte planen, die nur Sie beide miteinander teilen. Bauen Sie zum Beispiel gemeinsam eine kleine Hütte im Garten oder legen Sie gemeinsam Obst-, Gemüse- und Blumenbeete an. Stärken Sie so das Selbstbewusstsein der Kinder und helfen Sie, Ängste zu überwinden. Leben Sie Zuversicht, Mut und Stärke vor.

Um die anderen mit einzubeziehen, könnten Sie sich auch gemeinsam mit dem Rest der Familie eine Sportart oder etwas anderes aussuchen, das keiner von Ihnen kann, und es dann gemeinsam lernen. Alle von Ihnen sind dabei Anfänger und wagen sich als absolute Laien an eine neue Sache heran. Das stärkt das Gefühl der Gemeinschaft, und auch für die Kinder ist es manchmal ermutigend zu sehen, dass auch die Eltern noch Neues lernen können und müssen, genau wie sie.

Während solcher Einzelrituale oder eines ähnlichen intensiven Austauschs innerhalb der Familie ist es übrigens hilfreich, Telefon und Klingel auf »lautlos« zu schalten, damit die kostbare Familienzeit nicht unterbrochen oder gestört wird.

Das Ahnenritual

Nicht nur Spiele und gemeinsame Unternehmungen prägen das Familiengefühl. Auch das Gefühl, gemeinsame Wurzeln zu haben, eine Familie im ursprünglichsten Sinn zu sein, ist wichtig und sollte gerade jüngeren Kindern aktiv ins Bewusstsein gerufen werden. Als Rückbesinnung auf die eigenen Wurzeln könnte man zum Beispiel Fotos, alte gerahmte Urkunden von Urgroßeltern, Stammbäume mit Bildern der eigenen Vorfahren oder alte Gegenstände, die an eine längst vergangene Zeit erinnern, aufstellen oder anbringen. Entsprechend in Szene gesetzt, beziehen Sie so die Vorfahren in das tägliche Leben mit ein, nicht als heiligen Schrein, aber doch wie etwas, an das man sich gerne erinnert und das im Familienbewusstsein lebendig bleibt. Für Kinder, die ihre Urgroßeltern, -onkel oder -tanten persönlich gar nicht kannten, können Erzählungen und echte Zeitdokumente sehr spannend sein und ein Gefühl für die eigenen Vorfahren und Wurzeln vermitteln. Das Bewusstsein, Teil eines Stammbaums und einer Kette von engen Familienbanden zu sein, vermittelt Sicherheit und Kontinuität, weit über die eigene Lebenserinnerung hinaus.

Planungsrituale für jeden Anlass

Für angenehme Erinnerungen
muss man im Voraus sorgen.

Paul Hörbiger

Pläneschmieden ist ein schönes und spannendes Ritual, was schon den Kleinen gefällt. Jedes Familienmitglied wird sich darüber klar, was ihm besonders wichtig ist und welche Ziele es verfolgt. Das gefällt den kleinen und großen Kindern vor allem deshalb, weil sie sich in ihren Wünschen ernst genommen fühlen. Alle drei bis fünf Monate können Sie ein Planungsritual abhalten und so immer auf dem Laufenden sein, was Ihre Lieben bewegt und interessiert. Im Rahmen solcher Planungsrituale darf jeder vorschlagen, was er gerne mit der Familie einmal unternehmen würde, und auch die Eltern können mitteilen, was an Familienunternehmungen ansteht, etwa der runde Geburtstag der Oma und was für Geschenke und Aufführungen man dafür planen könnte etc.

Vor allem können sich aus den so geäußerten Wünschen weitere Rituale entwickeln, sodass jeder seine Ziele und Vorstellungen im täglichen Leben verwirklicht sieht. Notieren Sie sich im Kalender regelmäßig eine solche Familienplanungssitzung, die zum Beispiel auch mit dem Ritual des Sonntagmorgenfrühstücks verbunden werden kann.

Wunschritual »Ein Wunsch für jeden«

Für solche Planungsrituale sind vor allem Wunschlisten besonders geeignet und beliebt bei Groß und Klein. Zunächst darf jedes Familienmitglied für jeden Lebensbereich seine Wünsche notieren. Daraus sollen später die Pläne zur Umsetzung entstehen. Jedem Familienmitglied wird ein Wunsch erfüllt.

Planen Sie aus den Wünschen der passenden Bereiche auch die Geburtstage schon ein Viertel- oder Halbjahr im Voraus. Eltern und Kinder sehen gemeinsam die Wunschlisten durch und wählen gemeinsam jeweils einen Wunsch aus. Am besten setzen Sie sich in einen Kreis auf den Boden, in der Mitte steht ein feuerfestes Schälchen. Sie sehen sich Wunsch für Wunsch an und besprechen das Für und Wider der einzelnen Wünsche. Wenn jeder mehrere Wünsche hat, wählt man denjenigen, der zeitlich und organisatorisch am ehesten umsetzbar ist. Folgenden Anforderungen sollte die Erfüllung des Wunsches standhalten:

- Gibt es einen langfristigen Mehrgewinn für mindestens ein weiteres Familienmitglied?
- Bringt die Erfüllung des Wunsches seelische oder körperliche Nachteile mit sich?
- Ist der Wunsch budgettauglich?
- Haben die anderen Familienmitglieder auch etwas davon?
- Kann vielleicht sogar ein schönes Ritual daraus entstehen?
- Wie wichtig ist der Wunsch für den Einzelnen?

Wenn der Wünschende während des Rituals merken sollte, dass ihm der Wunsch nicht wirklich wichtig ist, kann er den Zettel mit seinem Wunsch aufgeben und in der feuerfesten Schale verbrennen. Jeder hat so die Möglichkeit, seine Wünsche zu besprechen und auf Echtheit zu überprüfen.

Das Planungsritual kann oft der Wegweiser zur Entwicklung neuer Rituale sein, die den individuellen Ansprüchen Ihrer Familie gerecht werden. Ein Weg zur Findung neuer passender Rituale geht nicht zuletzt über die Wünsche aller Familienmitglieder.

Erstellen Sie daher Wunschlisten zu

- Unternehmungen,
- Tagesablauf,
- Haushaltsaufgaben (was mache ich gerne und freiwillig = mindestens drei Punkte),

- Belohnungen,
- Geschenken,
- Geburtstagen, Teenie-Partys und Festen,
- Weihnachten und anderen Feiertagen,
- Ferien,
- Zukunftsplänen (auch Berufswünsche),
- Essen,
- Besuchen etc.

Diese müssen natürlich nicht allesamt umgesetzt werden. Diese Wunschsammlung dient in erster Linie als Barometer für die Bedürfnisse und Wünsche Ihrer Familienmitglieder, denen vielleicht durch das Abschaffen negativer Gewohnheiten oder durch bestimmte Rituale abgeholfen werden kann. Nur wenn man weiß, wo Verbesserungsbedarf besteht, kann man die Dinge verändern und es schaffen, dass alle sich ernst genommen und zufrieden fühlen.

Persönliches Zielsetzungsritual

Das Wünschen stellt auch in der persönlichen Entwicklung oft den ersten Schritt dar. Schon die uralten Lehren des Buddhismus zeigen uns, wie wir unseren Zielen durch spirituelles Wollen und Visualisieren stetig näher kommen können. Jeder Einzelne setzt sich Ziele, an die er glaubt und die er wirklich erreichen möchte. Das Unterbewusstsein wird die eingeschlagene Richtung beibehalten, wenn Sie erst einmal Ihre Ziele, zumindest im Geiste, besser auf Papier, formuliert haben und sich der Vorsätze immer wieder bewusst werden. Der Glaube versetzt vielleicht keine Berge, bahnt sich aber langsam den Weg zum Ziel. Ohne direkte Erfolge zu erhoffen, schaffen Sie langfristig unbewusst alle nötigen Prämissen, um auch bei kleineren Entscheidungen immer die richtige Richtung einzuschlagen. Ein solches persönliches Wunschritual ist wichtig, um die eigenen Träume und Visionen nicht aus den Augen zu verlieren. Schreiben Sie sich die Ziele und Wünsche, die Sie für sich gefunden haben, auf einen Zettel, den Sie an einem Ort aufbewahren, an dem Sie immer wieder »darüber stolpern«. So werden Sie sich Ihrer Ziele immer wieder bewusst und verlieren sie nicht aus den Augen. Das kann im Geldbeutel sein, am Arbeitsplatz oder am Spiegel im Badezimmer. Wenn einer der Wünsche in Erfüllung gegangen ist oder eines der Ziele erreicht wurde, können Sie den Posten feierlich von der Liste streichen und dies zum Anlass nehmen, dass Ritual von Neuem abzuhalten, um die Wunschliste wieder aufzufüllen. So übersehen Sie nie die guten Dinge, die Ihnen wiederfahren und nehmen die Fortschritte nicht als selbstverständlich hin, sondern können sich bewusst daran erfreuen und gewinnen die Zuversicht, dass auch die neuen Ziele erreicht werden.

Übernehmen Sie Zielsetzungsrituale auch in Ihre Beziehung. Erstellen Sie eine Liste Ihrer Ziele und Wünsche für Ihre Partnerschaft. Notieren Sie dabei mindestens zehn Wünsche von Ihnen und Ihrem Partner. Ob das Unternehmungen, Streicheleinheiten, Unterstützung, Aufmerksamkeiten etc. sind, spielt keine Rolle. Aus dieser Liste wählen Sie im Laufe eines halben oder ganzen Jahres drei Wünsche des anderen, die Sie dem Partner gerne erfüllen möchten. Sie können die Wünsche auch nach Prioritäten sortieren, so kann der andere versuchen, die innigsten Wünsche ganz oben auf der Liste zuerst zu erfüllen. Dieses Ritual eignet sich für Jahres- und Hochzeitstage oder auch Neujahr, wo die Wünsche und Hoffnungen fürs nächste Jahr noch ganz frisch sind. Bei dieser Gelegenheit können Sie auch für die Kinder ein Wunschritual abhalten.

Das Silvester-Wunschritual

Mit der ganzen Familie können Sie am Neujahrsfest stille Wünsche eines jeden in den Orbit schicken. Entweder Sie machen es wie die Spanier und essen um Mitternacht zu jedem Glockenschlag eine Traube und wünschen sich dabei jedes

Mal etwas, oder aber Sie nehmen jeder ein Gummibärchen, schmelzen es in einem Schälchen, wobei Sie fest an Ihren Wunsch denken. Dann warten Sie, bis das Gummibärchen abkühlt, eine neue Form einnimmt und essen es auf. Davor können Sie noch wie beim Bleigießen raten, welche Gestalt es nun angenommen hat. Das ist für Kinder ein toller Spaß.

Wenn die Kinder älter werden, kann man das Ritual auch anpassen, indem man etwa die Wünsche auf einen Zettel schreibt und in einem Lagerfeuer oder im Kamin feierlich verbrennt. Dabei wünscht man sich gegenseitig, dass die Wünsche des anderen in Erfüllung gehen, auch wenn man sie nicht kennt.

Planungsrituale für Ferien und Feiertage

Die Pläne für die Feier- und Ferientage sind überlebenswichtig, da das Chaos ausbricht, wenn keiner weiß, wann was gemacht wird. Vor allem an Weihnachten und Ostern, wo sich die Feiertage wie Perlen aneinanderreihen, ist die frühzeitige Planung notwendig und weckt die Vorfreude auf schöne Unternehmungen, leckeres Essen, tolle Spiele und Ausflüge.

Wenn die regelmäßige Planung zum Ritual wird, ist nicht nur die eigentliche Unternehmung ein Ereignis, sondern bereits das Planen eine feste Begegnung aller Familienmitglieder. Wer schon im Vorfeld beteiligt ist, fühlt sich den anderen zugehörig und für die Sache mitverantwortlich.

Das Ritual beginnt beispielsweise damit, dass Papa die Kochbücher aus dem Schrank holt, der kleine Johann das dicke Familiennotizbuch mit den Wunschlisten mitbringt, Mama stellt den Kinderpunsch auf den Tisch und Sylvie hat den Kinderstadtplan dabei. Dann rauchen die Köpfe über folgenden Punkten:

- Was soll unternommen werden? Wer soll uns besuchen? Wo gehen wir hin? (Gegebenenfalls vorhandene Wunschlisten durchgehen: War nicht bereits ein bestimmter Wunsch geplant?)

- Was gibt es zu essen?
- Rezepte wälzen, Ideen austauschen, Menüs festlegen
- Wer kauft die Zutaten ein?
- Wer kocht? Vorspeise, Hauptgang, Dessert, Salat?
- Wer deckt den Tisch auf und ab?
- Wer räumt die Küche auf?
- Wer geht mit zum Weihnachtsbaumkaufen, bastelt den Adventskranz oder -kalender, besorgt die Faschingskostüme, bemalt Ostereier usw.

Wenn alle Punkte erfolgreich besprochen sind, ist der im Ofen inzwischen gebackene Lieblingsauflauf fertig, den es immer bei der großen Familienplanungssitzung gibt und auf den sich nun alle stürzen können.

Kalenderrituale

Je mehr Kinder oder Familienangehörige vorhanden sind, desto wichtiger ist ein gemeinsam geführter Kalender, der an einem zentralen Ort aufgehängt ist und alle Termine der verschiedenen Familienmitglieder festhält. Jedes Kind darf dort seine Termine mit Bleistift eintragen. In regelmäßigen Abständen werden die Termine dann bestätigt, indem sie entweder mit Tinte nachgefahren oder unterstrichen werden. Es gibt auch spezielle Familienkalender zu kaufen, bei denen jeder Tag verschiedene Kästchen für die verschiedenen Familienmitglieder hat. So hat jeder seinen persönlichen Ort, wo er Termine notieren kann, und die Eltern behalten den Überblick, wann welches Kind Ballett, Fußballtraining oder Nachhilfe hat.

Kalender können dabei auch an Rituale erinnern (etwa indem Sie ein Kästchen auf dem Familienkalender nur ihnen widmen) oder solche überhaupt erst begründen.

So können Namens-, Tauf- und Hochzeitstage notiert werden, die dann durch besondere Rituale gewürdigt werden. Zu solchen besonderen Anlässen können Sie beispielsweise die Taufkerze anzünden, in die Kirche gehen, Bilder von den Feierlichkeiten ansehen und Erinnerungen austauschen. Schaffen Sie einen Anlass, zu dem Sie Paten und Verwandte einladen, die sich immer wieder an diesem Tag im Jahr zu treffen. So kann nicht nur ein aktiver Kontakt zu den Taufpaten aufrechterhalten, sondern es können auch entferntere Verwandte in Familienrituale miteinbezogen werden. An Namenstagen wiederum können Sie dem Namen auf der Spur sein. Woher kommt er und welche Bedeutung hat er?

Individualität und Familie – kein Widerspruch

Leben ist zeichnen ohne Radiergummi.
Kees Snyde

Viele kennen es noch von unseren Müttern: Aufopfernd und ohne Anspruch auf eigene Selbstverwirklichung kümmerten sie sich, kochten, putzten und waren immer tröstend zur Stelle, wenn die Kinder und der Mann sie brauchten. Doch wenn die Kinder dann größer wurden und die Männer mit der Arbeit beschäftigt waren, wurde ihnen oftmals klar, dass sie jahre- oder gar jahrzehntelang nichts für sich selbst getan hatten. Manche verloren sich dann zwanghaft in esoterischen oder ehrenamtlichen Halbinteressen und bekamen nur schwer wieder Boden unter die Füße. Die jüngere Generation ist zum Teil genau aus diesem Grund einfach länger kinderlos geblieben, um erst mal eine Ausbildung zu absolvieren und das Leben zu genießen, bevor Kinder die eigene Freiheit und Flexibilität einschränken.

Durch Einbeziehung beider Elternteile in die Kindererziehung, ob nun getrennt oder zusammen lebend, schränkt sich die Freiheit zwar für beide etwas ein, es tut jedoch gut und ist notwendig, dass die Last auf zwei Paar Schultern getragen wird. So kann zum einen das Kinderglück von beiden intensiver genossen werden, zum anderen haben beide Eltern noch Freiraum für sich als Individuen und können ihre ureigenen Rituale pflegen. Somit können auch lieb gewonnene Interessen weiterverfolgt werden, ohne dass die Familie dabei zu kurz kommt.

Ritualisierte Gerechtigkeit unter Eltern

Wenn beide zupacken, wo immer es auch geht, und sich gegenseitig Freiräume zugestehen, wird keiner überlastet. Die gerechte Verteilung von Freizeit ist eine ebenso knifflige Angelegenheit wie die redliche Aufteilung des Geldes. Wie ritualisieren wir also Gerechtigkeit? Zum Beispiel, indem wir uns erst einmal darüber klar werden, was denn jeder wann und wie oft macht. Alle drei bis vier Monate können Sie dazu ein Elternritual stattfinden lassen. In eine Übersicht tragen Sie alle Aufgaben und freien Zeiten von sich und Ihrem Partner ein. Zu den Arbeiten gehören ebenso die Nächte bei den Kleinkindern, die noch nicht durchschlafen, wie die Auswärtstermine der Firma. Jeder soll gleich viele Arbeits- und Freizeitstunden in der Woche haben. Gehen Sie es ernsthaft, aber nicht verbissen an. Es kann sehr viel Spaß machen, über Listen die Köpfe zusammenzustecken und sein tägliches Leben abzubilden und zu optimieren. Wer den anderen und sich selbst gerecht behandeln will, hat leicht lachen.

Anhand der Zusammenstellung wird schnell klar, wo der eine Arbeiten abgeben kann und der andere noch freie Kapazitäten hat. Wenn Sie merken, dass die Arbeit für Sie beide zu viel wird, sollten Sie darüber nachdenken, kleinere Aufgaben an ältere Kinder zu delegieren, Großeltern oder Verwandte einzubeziehen und Putzfrau, Kindermädchen oder anderweitige Hilfe zu suchen. Diese Arbeits- und Freizeittabelle bleibt in griffbereiter Nähe, weil sich schnell etwas ändern kann, wie beispielsweise ein neuer Auftrag oder dass ein Kind schon allein zum Training gehen kann. Dafür muss dann vielleicht der Rasen im Sommer öfter gemäht werden usw. Ein Ritual, das einen Abend einnimmt und vielleicht auch ein bisschen Diskussionsstoff mit sich bringt, aber auch ein Abend, der Sie einander näherbringt. Sie erfahren mehr über Ihren Partner, seine momentane Auslastung, seinen Tagesablauf sowie seine Wahrnehmung der Familiensituation. Nicht zuletzt werden Sie sich selbst bei solchen Aufstellungen oftmals erst bewusst, wo Sie sich überlastet oder alleingelassen fühlen. Solche Gerechtigkeitsrituale können einem Zusammenbrechen unter der großen Last vorbeugen, da man Probleme früh genug wahrnimmt. Oft entspinnen sich daraus sogar tiefere Gespräche über die persönliche und berufliche Situation.

Ritual »Freier Tag«

Geben Sie sich als Eltern regelmäßig gegenseitig einen Tag bzw. einen Abend frei. Der freie Tag dauert im besten Fall achtzehn Stunden. Er beginnt beispielsweise um 18 Uhr und endet um 11 Uhr am folgenden Tag. Diese Zeit bedeutet Freiraum und der Partner übernimmt alle Familienpflichten. In dieser Zeit können Sie etwas unternehmen und dürfen mindestens acht Stunden schlafen. Am Morgen danach dürfen Sie in Ruhe ins Bad und nach Herzenslust duschen, baden oder einfach im Bett herumlümmeln. Um 11 Uhr sollten Sie dann wieder für alle ansprechbar sein. Überlegen Sie sich, wie oft das Ritual Freier Tag oder Freier Abend zu Ihrer Familiensituation passt. Sie können sich alle dreißig Tage abwechselnd einen freien Tag zugestehen. Sind Sie geschäftlich über längere Zeit unterwegs oder besuchen einen Yogakurs, werden diese Tage abgezogen und Sie müssen ein bisschen länger auf Ihren freien Tag warten. Vielleicht mag es auf den ersten Blick ungerecht erscheinen, wenn der entspannende Yogakurs dem Geschäftstermin gleichgesetzt wird, aber letztlich ist es egal, wer wo ist und warum. Der Daheimgebliebene muss in dieser Zeit die Familienarbeit des anderen übernehmen. Dieser soll nicht überlastet werden und muss auch zu seinem Recht auf Freiraum kommen.

Eltern-Kind-Abend

Während der Partner seinen Freiraum genießt, hat der andere die Möglichkeit, seine Bindung zum Nachwuchs zu intensivieren. Wer tagsüber weg ist, wird es umso mehr genießen, einen Abend mit der Verantwortung für Haus und Hof allein zu sein und sich besondere Rituale mit den Kindern auszudenken und ganz individuell zu gestalten. Hier entsteht neuer Raum für Männergespräche beim Basteln oder Werken oder beim gemeinsamen Hobby Schach. Ob Sie Brot backen, zusammen ein Fußballspiel ansehen oder ein Buch lesen, ist zweitrangig. Das Kind kann sich darauf verlassen: Wenn ein Elternteil seinen freien Tag hat, hat es den anderen zu Hause ganz für sich und kann sich auf das spezielle Abendritual freuen, das zwischen den beiden herrscht. Der Elternteil, der öfter außer Haus tätig ist, kann so seinen häuslichen Rückstand ein bisschen aufholen, und der, der öfter Kind und Haus versorgt, umso mehr das Ausgehen genießen. So erfahren Sie beide den wichtigen Ausgleich zwischen Innen- und Außenleben.

Vom Wickeltisch zum Meeting: Rituale im Arbeitsalltag

Generell sollte die Arbeitszeit so geplant werden, dass Meetings mit offenem Ende grundsätzlich vormittags stattfinden, damit überlange Besprechungen nicht auf Kosten der Familie gehen. Am Ende eines Arbeitstages sollten nur noch die Dinge erledigt werden, die jederzeit abgebrochen werden können, damit Kinder rechtzeitig abgeholt und versorgt werden können. Bei wichtigen Sitzungen oder Auslandsterminen, die für Ihre Karriere extrem wichtig sind, sollten Sie mit Freunden für den Notfall Abrufbereitschaft in heiklen Situationen vereinbaren oder die Kinder gleich von Verwandten oder einem Babysitter versorgen lassen. So können auch Sie sich entspannter auf Ihre beruflichen Pflichten konzentrieren. Achten Sie jedoch darauf, dass nur Babysitter zum Einsatz kommen, die für Ihre Kinder eine Bereicherung bedeuten.

Binden sie die Kinder bei solchen besonderen beruflichen Events und Anforderungen im Job mit ein. Erzählen Sie Ihnen am Abendessen tags zuvor von den anstehenden Herausforderungen und lassen Sie sich beim Verlassen des Hauses am nächsten Morgen ein Glücks-Bussi oder einen Handschlag geben, der Ihnen Glück bringen soll. Somit empfinden die Kinder die Zeit mit dem Babysitter nicht als Vernachlässigung, sondern wissen um Ihren großen Tag und fühlen sich eingebunden und ernst genommen.

Auch im gewöhnlichen Alltag kann die doppelte Beanspruchung von Familienleben und Karriere mitunter schwer zu meistern sein. Besonders der schnelle Wechsel zwischen Familie und Job überfordert manchmal den Geist. Gerade noch zwischen marmeladenverschmierten Gesichtern das letzte Pausenbrot vorbereitet, und schon sitzt man im Businessanzug über blütenweißen Akten. Bauen Sie sich kleine Rituale für den täglichen Wechsel ein. Gehen Sie einen Kaffee im nahe gelegenen Bistro trinken, bevor Sie das Büro betreten, oder besuchen Sie kurz eine befreundete Kollegin eine Tür weiter.

Perfekt sein im Haushalt und im Beruf? Vergessen Sie es einfach. Seien Sie gute Eltern und gute Berufstätige, den Haushalt überlassen Sie entweder einer Haushaltshilfe oder Sie machen einfach Abstriche. In allem perfekt sein zu wollen, bringt auf Dauer nur extremen Stress mit sich. Wenn Sie es genießen können, zu arbeiten, dann tun Sie es. Entspannte Eltern, die im Job glücklich sind, sind für Kinder wichtiger als genervte Eltern, die den ganzen Tag an den Kindern herumnörgeln.

Ruherituale

Individuelle Ruhezonen ergänzen das oft turbulente Familienleben. Jeder sollte seinen eigenen Rückzugspunkt in Form einer individuellen Situation haben. Das kann für jeden etwas Anderes bedeuten. Der eine widmet sich seinem Bedürfnis nach Stille und meditiert, um seelische Blockaden zu lösen. Der andere muss einfach alle viere von sich strecken und schläft. Wieder ein anderer braucht seine beruhigende Eisenbahn, die er kreisen lässt, ein Buch oder einen Spaziergang.

Wichtig ist, dass die Auszeit für jeden Einzelnen ein anerkanntes Ritual darstellt und vom Rest der Familie nicht nur toleriert, sondern auch geachtet wird. Zur Ritualisierung dieser Ruhephase empfiehlt sich eine Art Abschiedsgeste, mit der signalisiert wird, dass man sich jetzt zurückzieht und nicht ansprechbar ist (Notfälle natürlich ausgenommen). Man kann allen einen Kuss oder eine Umarmung geben und sich in seine Ruhezone verabschieden, um danach wieder gestärkt und erholt seine Lieben zu begrüßen.

Wer so Freizeit und Arbeit gleichmäßig verteilt und durch transparente und verlässliche Rituale strukturiert, kann seiner Selbstverwirklichung und Erholung ohne schlechtes Gewissen oder Nörgeleien anderer Familienmitglieder nachgehen.

Rituale im Tagesablauf

Wer Recht erkennen will,
muss zuvor in richtiger Weise
gezweifelt haben.

Aristoteles

Es gibt Tage, da bleibt man am besten im Bett. Leider treiben einen die lieben Kleinen ohne Rücksicht trotzdem aus den Federn. Wenn es denn schon sein muss, dann aber bitte wenigstens kreisch- und schmerzfrei. Harmonie schon morgens? Das ist eine Herausforderung. Die Rituale eines gemeinsamen Tagesablaufs bilden dabei die Basis für ein harmonisch geregeltes Familienleben und beginnen schon mit dem Aufstehen.

Morgenrituale

Ganz kleine Kinder muss man normalerweise nicht wecken. Man bringt sie einfach abends zu einer bestimmten Zeit ins Bett, sodass sie morgens ungefähr um die Uhrzeit wach werden, die zum Familienleben passt. Das geht natürlich nicht von heute auf morgen, kann sich aber durch einen stabilen Tagesablauf bald einspielen.

Jedes größere Kind, das schon in Kindergarten oder Schule muss, bekommt einen eigenen Wecker, den es sich selbst aussuchen darf. Am einfachsten ist es, wenn die Weckzeit immer gleich bleibt. Am Wochenende bleibt der Wecker natürlich still. Bei Kindern, die nur schwer aus dem Bett kommen, wirkt manchmal das persönliche Spaßweckritual: Die Eltern nehmen Zeige- und Mittelfinger und legen sie ganz sachte auf die Schulter des Kindes. Nach ein paar leichten Streicheleinheiten, die das Kind aus dem Schlaf holen, wandern sie langsam wie ein kleines Tier zum Hals, zum Ohr ins Gesicht, kneifen leicht in die Nase, bis die Augen aufgehen. Dann rennen sie unter die Decke und kitzeln den Langschläfer eine Runde. So fängt der Tag schon mit einem Lachen an.

Wenn alle wach sind, finden sich Kinder und Eltern im morgendlichen Ablauf wieder und ein jeder weiß, was zu tun ist. Die Kinder gehen ins Bad, die Eltern richten das Frühstück und die Pausenbrote her bzw. machen die ganz kleinen Geschwister fertig für den Tag.

Um Staus in Bädern zu vermeiden, können die Kinder am Vorabend duschen oder baden und die Erwachsenen morgens.

Nach der Morgenwäsche werden die Kleider, die bereits am Vorabend hergerichtet wurden, angezogen. Wenn abends die Kleider rausgelegt werden, was langwierige Modediskussionen am frühen Morgen vermeiden soll, werden die Kinder miteinbezogen, größere Kinder richten ihre Sachen selbst her.

Frühstücksrituale

Mit einem gemeinsamen Familienfrühstück, das mindestens zwanzig Minuten dauern sollte, fängt ein Tag gut an, heißt es. Noch besser beginnt er, wenn eine Duftlampe mit dezentem (!) Duft oder ein erfrischendes ätherisches Öl wie Lemongrass oder Grapefruit die müden Geister ganz unbemerkt weckt. Das morgendliche Frühstück soll idealerweise »die Ruhe vor dem Sturm« des Alltags bedeuten. Leise Musik ist hier hilfreich bei kleinen zappeligen, nervösen Gemütern, unausgeschlafenen Eltern und hektischen Teenagern. Mit sanfter, unaufdringlicher Hintergrundmusik werden angespannte Gedanken über die bevorstehende Mathearbeit oder das heikle Chefmeeting gelockert. Wer gerne länger schläft, sollte den Frühstückstisch schon am Vorabend decken und morgens nur noch die frischen Lebensmittel dazustellen. Kleine Rätsel, die unterm Teller oder der Tasse versteckt werden, vertreiben die müde Schweigsamkeit und können selbst so manchen Morgenmuffel aus der Reserve locken.

Zum Frühstück können Sie auch ab und an eine exotische Frucht oder ein bis dahin unbekanntes Lebensmittel anbieten. Dabei sehen und probieren die Kinder Neues. Ein kleiner Hinweis zum Tagesgeschehen kann auch kleine Kinder begeistern. Jeden Morgen wird über das Datum gesprochen. Welcher Tag, welcher Monat, ist es irgendein besonderer Tag? Es gibt auch entsprechende Abreißkalender mit solchen Informationen. Kleine Kinder fragen dann gerne nach, wie lange es noch bis Weihnachten oder zum Geburtstag ist. Größeren fällt dabei vielleicht ein, dass Sie bald ein Fußballturnier haben oder auf eine Party gehen möchten. Sie als Eltern registrieren es, fragen Eckdaten nach und notieren diese im Kalender. Zu- oder Absagen werden auf jeden Fall erst später gegeben, um Spannungen in der Früh zu vermeiden. Außerdem gewinnen Sie somit Zeit, sich in Ruhe Gedanken zu den Plänen Ihres Nachwuchses zu machen.

Wenn noch Zeit ist und Ihre Kinder schon etwas älter sind, können Sie es zum Ritual machen, kurz über die Nachrichten zu sprechen. Positive oder neutrale Themen bieten sich an. Wer zum Frühstück vom Amoklauf in einer Schule berichtet, braucht sich über ein plötzliches Unwohlsein der Kinder nicht zu wundern. Ein Satz über einen einfachen Sachverhalt genügt. Personen der Öffentlichkeit wie Minister, Kanzler etc. sollten dabei immer mit kompletten Namen genannt werden, damit die Kinder sich diese langsam einprägen können.

Zum Abschluss des Frühstücks darf sich jeder noch etwas Besonderes für den Tag wünschen. Jeder sagt, was er sich für diesen Tag besonderes erhofft. Das können Sie in ein Gebet oder eine kleine Meditation einbinden. Dann kommt ein gemeinsamer individueller Tischgruß, der signalisiert, dass nun das Frühstück beendet ist. Das kann sein: »Es war ein schönes Frühstück mit euch« oder etwas ganz Spezielles, was zu Ihrer Familie passt. Ein Dankesgebet ist ein ebenso schöner Abschluss des gemeinsamen Frühstücks und gibt den Startschuss für den Tag. Für kleine Kinder eignet sich ein kurzes Lied, das alle singen, während sie sich an den Händen halten.

Heute schon geküsst?

Eine satte Umarmung oder ein Kuss zum Abschied sollte schon bei kleinen Kindern zum Ritual werden, dann ist es für Größere das Normalste der Welt. Auch unter den Geschwistern wäre ein Begrüßungs- und Abschiedsritual ein Weg zu mehr Nähe. Wenn Küsse an Geschwister nur unter Haftandrohung verteilt werden, dann tut es vielleicht vorübergehend ein Luftkuss oder ein liebevoller Knuff in die Seite. - Jedes Kind genießt es, wenn man ihm zeigt, dass man es liebt. Peinlich ist es nur dann, wenn es nicht ehrlich gemeint ist und aufgesetzt wirkt. Wenn ausnahmslos jeder jeden geherzt hat, gehen alle ihrer Wege.

Afterschool-Ritual

Wenn die Kinder nach der Schule nach Hause kommen, kann man wie zur Kindergartenzeit das Wiedersehen mit kleinen Ritualen versehen. Manchmal sind die banalsten Dinge die auf lange Sicht wirksamsten: Ein kleiner immer gleicher Willkommenssatz kann für die Kinder das Ankommen zu Hause besonders machen. Ein einfacher Satz wie »Schön, dass Ihr wieder da seid« bewirkt, dass die Kinder sich willkommen und vermisst fühlen. Wenn Sie dies immer wieder sagen, wird es sich einbrennen in das Gedächtnis Ihrer Lieben als liebevolle Geste des Nachhausekommens in ihrer Kindheit.

Lassen Sie sich dann alles ausgiebig zeigen und erzählen, was in der Schule passiert ist. Reservieren Sie dabei ein bisschen Zeit für jedes Ihrer Kinder. Eine schöne Variante zum Ritual Nachhausekommen und von der Schule erzählen ist, wenn Sie Ihr Kind zu sich in die Küche mit einer leckeren Vorvorspeise einladen und so ganz beiläufig eine tiefe Verbindung zwischen Ihnen beiden herstellen. Informell und zwanglos wird Ihr Kind sicher viel mehr und freudiger erzählen, als wenn Sie sich fragend Auge in Auge gegenübersitzen. Nebenbei können Sie das Kind ins Kochen einbeziehen, Fragen beantworten und die häusliche Idylle genießen. Falls eines Ihrer Kinder zu den Schweigern zählt, nehmen Sie es nicht persönlich. Fragen Sie immer wieder entspannt nach und erzählen Sie bei entsprechenden Anlässen auch ein bisschen von Ihrer eigenen Schulzeit oder Ihrem Alltag. Vielleicht motiviert das Ihr Kind, seine eigenen Erlebnisse mit Ihnen zu teilen. Es gibt viele Kinder, die wenig erzählen, oder wenn Sie etwas erzählen, dann meist nicht das, was Sie wissen möchten. Dennoch sollten Sie auch dann aufmerksam zuhören, um dem Kind ein offenes Ohr und Interesse zu vermitteln.

Rituale für das Abendessen

Bevor gegessen wird, warten alle, bis jeder am Tisch sitzt. Dann können Sie sich an den Händen nehmen und einen familiären Guten-Appetit-Gruß gemeinsam sprechen. Man bedankt sich beispielsweise beim Koch, der Köchin oder den Köchen für die Zubereitung der Mahlzeit. Oder man ritualisiert das allabendliche Dankbarkeitsritual:

Jedes einzelne Familienmitglied nennt eine Sache oder ein Ereignis des vergangenen Tages, wofür es dankbar ist oder was es besonders schön fand. Das kann eine gute Note, die gewonnene Klassensprecherwahl, ein Lob oder einfach gute Laune sein, die uns den Tag versüßt hat. Es können auch Dinge sein, die uns nicht unmittelbar betreffen: die Lieblings-Fußballmannschaft, die gewonnen hat, der Arbeitskollege, der wieder gesund ist etc.

Für jeden Einzelnen ist das eine schöne Gelegenheit, sich noch mal das Positive des Tages bewusst zu machen, dankbar zu sein und die ungeteilte Aufmerksamkeit der Familie für diesen Augenblick zu genießen. Und auch für die Familie ist dieses allabendliche Ritual wichtig, denn so weiß jeder ein bisschen mehr vom Tag des anderen, was ihn bewegt und ihm wichtig ist, und kann sich mitfreuen.

Während des Essens sollte auf die festgelegten Regeln und Tischmanieren geachtet werden, es sei denn, es ist der sogenannte Schmatztag, der bei kleinen Kindern einmal im Monat stattfinden kann und alle Tischmanieren außer Kraft setzt. Das Dessert lässt Zeit für die Erinnerung an die geplante Abendgestaltung und beendet das Essen.

Das Zahnputzritual

Gemeinsames Zähneputzen sollte sich, besonders mit kleinen Kindern, immer an die Mahlzeiten anschließen. So ritualisiert sich der Reflex, nach jedem Essen automatisch das Bad aufzusuchen. Wenn sich Kinder und Eltern im Badezimmer einfinden, wird es zwar eng, aber meist auch lustig. Die Kleinen lernen so von den Großen und schauen sich das richtige Zähneputzen ab.

Die »Zahnputzmaus« hat hier die Oberaufsicht: Abwechselnd umwickelt einer der Eltern oder älteren Geschwister Zeige- und Mittelfinger mit einem weichen Tuch und verwandelt sie so in eine Handpuppe. Das ist die Zahnputzmaus, die mit Quietschstimme bewegungsreich mit den Zähnen, dem Zahnbelag, den Kindern und den Eltern spricht und auch Kommandos erteilen kann, sodass alle gleichzeitig »linksrum« und dann wieder »rechtsrum« putzen usw. So wird die unbeliebte Zahnpflege zu einem Spiel, bei dem die Kleinen begeistert mitmachen und Sie können ihnen nebenbei noch die richtige Putztechnik beibringen.

Am Abend sorgt dieses Ritual außerdem für einen klaren Zeitpunkt, an dem die Zähne geputzt werden, und läutet ganz eindeutig das Schlafengehen ein. Auch morgens können Sie nach dem Frühstück zusammen im Bad Zähne putzen. Für die ganz Kleinen ist das sicher sinnvoll, bei größeren Kindern hängt es von der Praktikabilität und der jeweiligen Wohn- und Zeitsituation ab.

Rituale für die Schlafenszeit

Gute-Nacht-Rituale sind besonders wichtig – für die Kleinen ebenso sehr wie für die Großen. Die Abläufe, die das Schlafengehen signalisieren, sollten möglichst immer gleich sein.

Nach dem abendlichen Waschgang gehen alle in ihre Zimmer, ziehen sich den Schlafanzug an, richten sich Schulsachen sowie die Kleider für den nächsten Tag her und stellen sich den Wecker. Für größere Kinder ist es sinnvoll, wenn sie noch etwas lesen, Musik hören oder spielen dürfen. Kleinere Kinder werden ins Bett gebracht. Wenn alle im Bett liegen, startet der elterliche Schmuserundgang, bei dem unter anderem Wecker und Kleider noch mal mit einem kurzen Blick überprüft werden können. Jetzt rücken ganz persönliche Worte mit jedem Kind in den Vordergrund. Ernsthafte und lustige Begebenheiten des Tages besprechen Sie mit jedem Kind, hören zu und geben Streicheleinheiten. Die Frage nach Schule und Freunden vermittelt Ihrem Kind Interesse. Fragen Sie jedes Kind, ob es ihm gut geht, ob es noch etwas braucht, lassen Sie sich etwas erzählen oder erzählen Sie eine kurze Gute-Nacht-Geschichte – ein unschlagbares, traditionelles Ritual. Die Idee mag nicht neu sein, doch nicht umsonst bewährt sie sich seit jeher. Lesen Sie sie aus einem Buch vor oder denken Sie sich eine Geschichte aus.

Wenn Ihre Kinder ganz besonders ungern zu Bett gehen, dann verbinden Sie, besonders wenn die Kinder klein sind, das Zubettgehen mit schönen Dingen oder einem Spiel. Ziehen Sie zum Beispiel eine Decke den Flur entlang und laden sie die Kinder ein, auf den »Gute-Nacht-Zug« aufzuspringen. Auf dem Weg durch den Flur können Sie sich noch verschiedene Landschaften vorstellen, Wüsten und Dschungel mit wilden Tieren, die sie durchqueren müssen auf dem Weg ins

Schlummerland. So sehen die Kinder das Zubettgehen als abenteuerliches Fantasiespiel und nicht als »Strafe«. Am Ende der Zugreise wartet dann die Gute-Nacht-Geschichte als Ziel und Belohnung. Hierbei sollte dann aber klar ritualisiert sein, dass nach der Geschichte das Licht ausgeht und der Tag ganz eindeutig vorbei ist.

Geben Sie Ihrem Kind einen Gute-Nacht-Kuss und sagen ihm, dass Sie es lieb haben, dann gehen Sie hinaus. Bei jedem Kind sollten Sie ca. fünf bis zehn Minuten verbringen.

Für ältere Kinder kann dieser vertraute Rahmen, der an die damalige Gute-Nacht-Geschichte der Kleinkindzeit erinnert, genutzt werden, um in der Geborgenheit des Halbdunkels noch ein bisschen über die Sorgen und Ängste der Heranwachsenden zu reden und sicherzugehen, dass es Ihnen gut geht und sie glücklich sind. Das ist gerade bei älteren Geschwistern wichtig, die oft zu Gunsten der Kleinen tagsüber zurückstecken müssen und sich vielleicht vernachlässigt fühlen.

In Familien mit mehr als vier Kindern können Sie sich auch nochmals abends alle zusammen im Wohnzimmer einfinden und eine gemeinsame Geschichte vorlesen, und erst danach verkriecht sich jeder in sein Bett. Das Ritual am jeweiligen Bett verkürzt sich dann aber ein wenig für jeden, damit die Eltern auch noch zu ihrem Recht auf Abendruhe kommen. Mit einem Gebetswürfel können Sie den Abend am Bett des Kindes abrunden. Das Kind würfelt eines von sechs Abendgebeten und liest es dann als Abschluss gemeinsam mit Ihnen.

Wie auch immer Sie das Zubettgehen für sich ritualisieren, achten Sie gerade bei kleinen Kindern darauf, dass sich die Abläufe wiederholen und positive Gefühle der Geborgenheit und Zuwendung auslösen.

Auch die Eltern können für sich ein kleines Ritual dranhängen, indem sie sich nach Ihren Gute-Nacht-Rundgängen auf dem Flur umarmen und sich gemeinsam über ihre Kinder freuen oder danach zusammen ein Glas Wein trinken usw.

Der ganz andere Tag

Einmal im Monat, am besten am Wochenende, kann man das Gammel- und Schmatzritual einführen, das viele Regeln bricht. An diesem Tag oder bei einer Mahlzeit dürfen die Kinder sich austoben. Sie dürfen mit den Fingern essen, den ganzen Tag im Schlafanzug herumtoben und auch ein bisschen Dreck machen. So gönnen Sie Ihren Kindern und sich selbst ab und zu ein Fingerfood-Orgie und können gleichzeitig an anderen Tagen ein ordentliches Essen mit dem angemessenen Benehmen erwarten.

Es wird nur das Nötigste am Familie-Flodder-Tag erledigt. So gönnen Sie sich eine Pause von all den durchorganisierten Tagesabläufen und Haushaltspflichten. Bestellen Sie eine Pizza, lassen Sie die Küche kalt und tun Sie einmal ganz bewusst nichts. Auch ein ausgedehnter gemeinsamer Videoabend ist an solchen Tagen eine gute Idee.

Sprechen Sie und denken Sie nicht an das, was Sie eigentlich erledigen müssten und erinnern Sie auch Ihre Kinder mal nicht an Ihre Hausaufgaben und Pflichten. Sie werden staunen, welche neuen Richtungen Ihre gemeinsamen Gespräche einschlagen, wenn Sie den Alltag einmal ausblenden.

Kinder regieren einen Tag

Eine noch bessere Alternative zum Gammel- und Schmatztag ist ein Tag, den ganz allein die Kinder planen und bestimmen dürfen. An diesem Tag entscheiden die Kinder, was unternommen und gegessen wird, kochen selbst und bestimmen in einem gewissen Rahmen die Tagesregeln. Das kann natürlich dann auch dazu führen, dass es ein Pyjamatag mit Rittermahl wird. Lassen Sie sich einmal im Monat auf den selbst gestalteten Tag Ihrer Kinder ein. Sie werden viel Interessantes über sich und Ihre Kinder erfahren.

Das Schönste im Leben ist die Freiheit oder Rituale für die Freizeitgestaltung

Erfahrungen vererben sich nicht,
jeder muss sie alleine machen.

Kurt Tucholsky

Fantasierituale im Alltag

Wer jeden Tag Spaß hat, für den ist Urlaub zwar erstrebenswert, aber nicht der einzige Höhepunkt des Jahres. Kinder und Erwachsene, die sich das ganze Jahr freuen können, sind ausgeglichener und müssen sich nicht durchs Jahr hangeln, bis endlich wieder Ferien sind. Zur täglichen Freude gehören schöne Unternehmungen, nette Menschen und gemeinsame Rituale. Das individuelle Wohlbefinden ist die Grundlage für ein ausgeglichenes Wesen, das uns auch dann nicht verlässt, wenn wir für die nächste Klassenarbeit büffeln müssen oder das Auto mal wieder streikt. Einer Last die gute Seite abgewinnen, ist eine Kunst, die erlernbar ist. Wie lernen wir, aus einer leidigen Aufgabe spielerisch einen Vorteil für uns zu finden?

Visualisierungsrituale

Kinder ahmen nach. Sie spielen Staubsaugen, Kochen, Autofahren, Babys versorgen und Feuerwehr etc. Kinder spielen Erwachsensein. Das hilft ihnen, mit den Gegebenheiten und Herausforderungen, die vielleicht einmal auf sie zukommen werden, fertig zu werden. Sie üben die Wirklichkeit und wappnen sich spielerisch für den Ernstfall. Sie schauen ab, und wenn sie älter sind, versuchen sie, gewisse Spiele und Abläufe zu optimieren, manchmal noch kindlich, oft auch genial. Sie hinterfragen alles. So erlernen sie, das für sie Notwendige zu erkennen und ihr Spiel so zu perfektionieren, dass sie bald selbst mit den Realitäten klarkommen können.

So wie die Kinder Wirklichkeit spielen, sind auch Erwachsene in der Lage, andere Situationen gedanklich durchzuspielen, um für den Fall der Fälle gerüstet zu sein. Je geübter ein Mensch darin ist, sich in neue Situationen, in unerwartete Vorfälle und Verwicklungen einzufinden, desto gelassener kann er im Ernstfall agieren und desto beruhigender wirkt er auf sich und andere. Er verfügt so über die wertvolle Fähigkeit, sich selbst Geborgenheit zu schenken, weil er sich durch bestimmte Lebenslagen hindurchgespielt hat und sich sicher fühlt.

Wer sich immer nur auf das Hier und Jetzt beschränkt, blockiert und ignoriert Veränderungen und wird ängstlicher. Völlig unnötig schränkt er sich in seinem Lebens- und Spielradius ein. Wer dagegen nicht nur fantasievoll tagträumt, sondern auch die Durchführung des Traums parat hat, ist flexibel genug, um seine Träume und Wünsche zu verwirklichen, wenn sich die Gelegenheit bietet. Vor allem wird er oftmals nur dann die Chancen, die sich ihm bieten, erkennen können, wenn er die innere Bereitschaft dafür bereits in sich trägt.

Durch Visualisierungsrituale kann man dies ganz bewusst entwickeln. Halten Sie einen zufälligen Gedanken, der Ihnen durch den Kopf geht, fest und erfinden Sie eine Geschichte dazu mit Hauptdarstellern.

Woher kommen sie?

Wohin wollen sie?

Was unternehmen sie?

Woran scheitern sie?

Stellen Sie sich dann selbst in den verschiedenen Rollen und Positionen der erdachten Figuren vor. Wie würden Sie sich verhalten? Welches andere Verhalten wäre für Sie oder die anderen besser gewesen? Können Sie eine grundsätzliche Eigenschaft von Ihnen so verändern, dass Sie richtig reagieren, falls Sie einmal tatsächlich in eine vergleichbare Situation geraten?

Wenn Ihnen nichts einfällt, geben Sie nicht gleich auf. Unsere kindliche Fantasie ist in unserer Erwachsenenwelt oft etwas verschüttet, aber Sie kann schnell wieder trainiert werden. Gehen Sie es langsam an. Übernehmen Sie für Ihr Visualisierungsritual zunächst die Handlung aus einem Film oder einem Buch, die Sie berührt hat oder beschäftigt. Visualisieren Sie sich dann selbst und Ihnen nahestehende Menschen in den Rollen der Hauptakteure. Als Steigerung können Sie später dann ein Buch aufschlagen, auf einer Seite auf ein beliebiges Wort tippen und dazu eine Handlung erfinden. So trainieren Sie nicht nur Ihre Vorstellungskraft, sondern lernen auch noch viel über sich selbst und bereiten sich auf Unerwartetes und Unbekanntes in Ihrem Leben vor.

Wenn Sie einigermaßen geübt im Visualisieren fiktiver Handlungsverläufe sind, dann spielen Sie wahrscheinliche oder möglicherweise eintretende Situationen in Ihrem Leben durch, sei es in Ihrem Beruf oder in Partnerschaft und Familie. Lassen Sie die Szenarien aus verschiedenen Perspektiven und unterschiedlichen Vorzeichen ablaufen: mal den schlimmstmöglichen Verlauf aus Ihren Augen, mal den bestmöglichen. Mal verhalten Sie sich so, wie Sie denken, dass Sie es sollten, und mal so, wie Sie es impulsiv am liebsten tun würden usw.

Visualisierungen helfen so auch bei der Auswahl der Wege, die zu einem Ziel führen können, denn Sie können den Film jederzeit unter veränderten Voraussetzungen starten und so einen anderen Weg finden und durchspielen.

Visualisierungsrituale helfen weiterhin, sich generell über die eigenen Ziele klar zu werden und sie rückwirkend für sich zu bewerten: Visualisieren Sie das Ziel, das Sie erreicht haben und die erwünschte Situation, die dadurch entstanden ist.

Dann lassen Sie im Kopf einen Film ablaufen über den Prozess der Zielerreichung mit all seinen Hindernissen, Vor- und Nachteilen und die auf den verschiedenen Wegstationen freigesetzten Gefühle. Rekapitulieren Sie: Hat es sich emotional gelohnt? Waren die Anstrengungen gerechtfertigt? Empfinde ich diese Zielerreichung als Bereicherung meines Lebens? All diese Fragen helfen dabei, ähnliche Ziele entweder weiterhin zu verfolgen oder endgültig zu verwerfen.

Solche Visualisierungsübungen können Sie auch mit der Familie gemeinsam an einem fixen Tag im Monat oder in der Woche machen. Jeder hat zehn bis zwanzig Minuten Zeit, um eine Geschichte zu erfinden, bei der er selbst oder andere Familienmitglieder und Freunde eine Rolle spielen und erzählt sie anschließend den anderen. Insbesondere kleineren Kindern fällt es leicht, hier ihre Fantasie spielen zu lassen. Die von ihnen erfundenen Geschichten sagen dabei viel über ihre Wünsche, Träume und Ängste aus sowie über ihre Mechanismen und Reaktionen in verschiedenen Situationen. Die anderen dürfen danach Fragen stellen, wenn sie etwas nicht verstanden haben oder einen anderen Handlungsverlauf vorschlagen wollen. Dann können sich alle überlegen, welches Verhalten Sie von welcher Figur gut fanden und welches nicht, wie Sie sich selbst verhalten hätten usw. Für die Eltern ist hier besonders spannend nachzufragen, warum sich der Held der Geschichte so verhalten hat und nicht anders? Warum der Böse denn so böse ist? Usw.

Sie werden sehen, Visualisierungen fördern Kreativität und Fantasie und bereiten uns gleichzeitig innerlich auf verschiedenste Eventualitäten und Situationen im Leben vor. Fördern Sie so die Tagträume Ihrer Kinder!

Fantasie und Abwechslung ritualisieren

Aus dem trockenen Alltag können überraschende Ideen entstehen. Wenn die Stimmung so lala ist und nichts Besonderes ansteht, allen ein wenig langweilig ist und Sie die Gemüter aufwecken möchten, können Sie mit Fantasie etwas völlig Normales zu etwas Besonderem für Ihre Kinder werden lassen. Essen Sie beispielsweise einfach zwischendurch mal auf dem Boden. Breiten Sie ein Tischtuch auf dem Boden aus und picknicken Sie im Wohnzimmer. Machen Sie eine Blindverkostung und lassen sie die mit verbundenen Augen probierten Nahrungsmittel erraten. Oder lassen Sie ein Kind Gastgeber sein und lassen sich von ihm bekochen. Es bereitet alles vor und bewirtet den Rest der Familie. Das ist auch ein tolles Ritual für Tage, an denen ein Elternteil allein mit einem Kind zu Hause ist und die beiden sich quietschvergnügte fantasievolle Stunden machen wollen.

Ritual der Augenhöhe – zu Gast in der Kinderwelt

Doch nicht nur Ihre Kinder sollen durch Fantasie und neue Perspektiven die Welt aus anderen Augen sehen. Auch die Eltern können lernen, die Welt aus einem anderen, neuen Blickwinkel zu betrachten. Versuchen Sie doch einmal, sich überall, wo Sie können, auf Augenhöhe Ihres Kindes zu begeben. Das heißt wortwörtlich: Wenn das Kind ein Jahr alt ist, dann legen Sie sich auf den Boden. Sie werden staunen, wie anders Ihr vertrauter Lebensraum aus dieser Perspektive aussieht.

Kinder lieben es, die Eltern auf gleichem Niveau um sich zu haben. Wenn die Kinder älter sind, begeben Sie sich temporär in ihre Welt – am besten auch in Augenhöhe. Setzen Sie sich auf Kinderstühle an Kindertische und versuchen Sie ihre Umgebung mit den Augen Ihres Kindes wahrzunehmen. Spielen Sie mit ihm, unterhalten Sie sich im Kinderzimmer, fragen Sie nach den Spiellandschaften und lassen Sie sich erklären, was Sie sehen und nicht verstehen. Meist ist das Kind zu Gast in Ihrer Erwachsenenwelt. Schaffen Sie ein festes Ritual, in denen Sie Gast in der Kinderwelt sein können.

Mit dem Kopf in den Sternen

Regelmäßige Fantasie-Rituale dienen auch der Beruhigung und Entspannung. Nehmen Sie im Sommer öfters mal eine Decke mit ins Freie, legen sich darauf und schauen gemeinsam in die Wolken. Das befreit Sie von Hast und Spannungen. Folgen Sie mit Ihren Augen den Wolken, die ihre Form unaufhörlich verändern und auflösen. Für alle in der Familie ist das eine schöne Zusammenkunft, die Sie gerade in hektischen Zeiten auf andere Gedanken bringt und beflügelt. Die Kinder können dabei Figuren und Formen erspähen, die von den Wolken gebildet werden. Dieses Ritual lässt sich auch schön mit dem Visualisierungsritual koppeln, indem sich zum Beispiel die Kinder Geschichten zu den Wolkentürmen ausdenken.

Das Gleiche können Sie auch nach Einbruch der Dunkelheit ausprobieren. Auf einer Decke im Garten oder auf dem Balkon schauen Sie in die klare Sternennacht, beobachten Sternschnuppen, blinkende Flugzeuge und den Mond, der mit seinen Schattierungen den Schauplatz für allerhand abenteuerliche Geschichten bietet.

Die neue Lust am Lernen – Motivationsrituale

> Man muss etwas Neues machen,
> um etwas Neues zu sehen.
>
> *Georg Christoph Lichtenberg*

Spielen bedeutet für Kinder forschen und lernen. Hat der Begriff Lernen für größere Kinder einen Geschmack von Anstrengung und Arbeit, sind kleinere Kinder geradezu auffallend wiss- und lernbegierig. Lernen ist für sie die pure Lust und niemals Last. Das Lernen und die Begegnung mit Neuem sollten fester Bestandteil Ihrer Rituale sein. Sinnvolle Spiele sind bei Kindern jeden Alters entscheidend für eine rasche Auffassungsgabe und gute Sprachentwicklung. Sie unterstützen soziale Kompetenzen und fördern musikalische sowie künstlerische Neigungen. Sofern alle Sinne beim Spielen oder Lernen angesprochen werden, erleichtert das dem Nachwuchs den Start in die Welt des Lesens, Rechnens, der Musik, des Malens und der Geographie. Wichtig ist dabei unter anderem, dass Kindern Wissen und Anregungen wie nebenbei präsentiert werden und sie das Erlernte selbst aktiv umsetzen dürfen. Am lernfähigsten sind Kinder dann, wenn sie sich innerhalb fester Rituale sicher und aufgehoben fühlen.

Beim wöchentlich stattfindenden Spieleabend kann »Mensch ärgere dich nicht« beim Zählenlernen helfen. Wenn die Regeln sitzen, können Sie das Spiel auch in einer Fremdsprache spielen und diese so ganz nebenbei ihrem Nachwuchs beibringen – zumindest das Zählen in der fremden Sprache sollte dann kein Problem mehr sein.

Leserituale

Kinder, die nach Schulanfang mit dem Lesen Probleme haben, überwinden diese manchmal leichter, wenn Sie Comics lesen dürfen. Für viele Eltern sind sie ein pädagogisches Grauen, doch beim Thema Lesenlernen zu Unrecht. Die Micky-Maus- und anderen Comicdialoge sind für Anfänger leichter zu erfassen, sind sie doch kurz und übersichtlich und über Bilder verständlich präsentiert. Irgendwann entdecken die jungen Leser das eine oder andere ihnen bekannte Wort und lesen nach und nach die kurzen Texte in den Sprechblasen. Manchem Leseanfänger hat dies mehr geholfen als endlose Sitzungen mit Mutter oder Vater über einem Buch, das beide schnell hilflos und wütend in die Ecke gepfeffert haben.

Nehmen Sie sich regelmäßig jeden oder jeden zweiten Tag Zeit für ein Leseritual. Spielen Sie eines der vielen im Handel erhältlichen Leselernspiele oder sehen Sie sich zusammen Comics an. Als Abwechslung lesen Sie mit Ihrem Kind Bücher für Erstleser, aber nicht, indem das Kind sich mit dem Text abmüht und Sie gelangweilt und unter Umständen ungeduldig danebensitzen. Machen Sie ein spielerisches Ritual daraus: Lesen zunächst Sie eine Seite im Buch vor. Das Kind darf sich auf der ersten Seite ein Wort aussuchen, das es selbst lesen wird. Das darf ruhig das leichteste sein, das es finden kann. Auf der nächsten Seite sucht es sich zwei Worte aus, die es lesen möchte. Den Rest der Seite lesen wieder Sie vor. Auf der dritten Seite sucht es sich ein Wort aus, das es jedes Mal laut vorliest, wenn es im Text vorkommt. So kann das Kind einzelne Wörter trainieren und sich langsam steigern. Gleichzeitig entsteht so das Suchspiel, alle gleichen Wörter im Text zu finden, was vielen Kindern Spaß macht.

Dieses Ritual lässt sich dann leicht steigern. Im nächsten Schritt sucht sich das Kind in jedem Satz ein Wort aus, das es liest, bis es selbst immer mehr Worte lesen kann. Wenn es keine Lust mehr hat, lesen Sie wieder eine ganze Seite vor und das Kind sucht sich wieder nur ein Wort, diesmal ein neues Wort aus, das es selbst lesen will. Kinder lieben es, wenn man vorliest, und bleiben mit Freude bei diesem Ritual, wenn man es geschickt steuert. Nach einer halben Stunde sollten Sie das Ritual beenden, gegebenenfalls früher, wenn das Kind keine

Lust mehr hat, wenigstens ein Wort pro Seite zu lesen. Dieses Ritual soll keinen Zwang vermitteln, sondern mit Spaß spielerisch ans Lesen heranführen.

Briefrituale

Ab dem zweiten und dritten Schuljahr sind Brieffreundschaften eine schöne Ergänzung zu den Leseritualen. Kinder und Eltern können innerhalb dieses Rituals eigens Papier schöpfen, weiße Briefbögen mit Wasserfarben gestalten, oder mit Tintenfass und echten Schreibfedern gemeinsam Briefe an Verwandte und Bekannte verfassen. Aber auch der vom Kind selbst initiierte Briefaustausch mit anderen Kindern ist eine schöne Beschäftigung, die nebenher das Schreiben und Verfassen von längeren Texten trainiert.

Durch den Kontakt zu ausländischen Familien bzw. ausländischen Brieffreunden kann außerdem eine weitere Sprache gefördert werden. Wenn die Kinder einen eigenen Computer haben oder schon sorgfältig mit dem der Erwachsenen umgehen können, sind auch Emails eine Möglichkeit für einen schnellen Informationsaustausch. Für jüngere Kinder eignet sich allerdings der Austausch von echten Briefen eher, zumal sich kleine Postempfänger riesig über echte Briefe zum Anfassen und Aufreißen freuen, die sie im Briefkasten erwarten. Sie können den Anreiz erhöhen, indem Sie für dieses Ritual die »Zauberdose« mit den teuren bunten und glitzernden Stiften bereitstellen, die nur für das Briefschreiben bestimmt sind und die sich die Kinder immer mal wieder dafür im Schreibwarenladen aussuchen dürfen.

Alles Gute – Glückwünsche ritualisieren

Schreiben Sie Ihre Geburtstags- und Weihnachtsgrüße an Verwandte und Bekannte noch selbst? Lassen Sie die Jugend ran! Sobald die Kinder einigermaßen schreiben können, dürfen sie diese Aufgabe übernehmen. Die Kinder dürfen die Karten selbst aussuchen und zu jeder guten Gelegenheit an Verwandte, Paten oder Freunde schicken. Ein Vorlauf von circa zwei Wochen ist sinnvoll für diese kleine Tradition. Tragen Sie zwei Wochen vor den entsprechenden Geburtstagen oder Feiertagen das Ritual »Karte schreiben« mit dem jeweiligen Namen des Kindes in den Kalender ein, damit Sie zeitlich auf der sicheren Seite sind und Ihr Kind nicht unter Zeitdruck setzen. Verbinden Sie das Ritual des Kartenschreibens mit Aktivitäten, die das Kind mag. Holen Sie die Bastelkiste hervor und bekleben Sie die Karten ganz in individuell mit Glitzersternchen, Aufklebern oder Fotos. Das macht gerade kleineren Mädchen Spaß und auch Jungs mögen das Hantieren mit Kleber und Schere. Somit wird das Grußritual nicht zu einer lästigen Schreibarbeit, sondern zu einer kleinen Bastelrunde mit Mutter oder Vater.

Den Text bestimmt jedoch das Kind weitgehend selbst. Sie sind nur Ratgeber und Rechtschreibhilfe. Doch Sie können Fragen stellen, die dem Kind Dinge über sein Verhältnis zum Beglückwünschten zeigen. Was mag ich am anderen besonders? Fehlt er mir? Was wünsche ich ihm?

Den Text kann das Kind dann so gestalten, wie es mag. Dabei lernt es, eigenständig zu schreiben, weiß bald, wie ein Adressfeld aufgebaut ist und übt ganz nebenbei die Rechtschreibung. Der Text darf kurz und kindlich formuliert sein und kann auch in schiefer Schrift abgeschickt werden. Verbessern Sie nur das Nötigste. Die Empfänger werden sich sicher über die exklusive Geburtstagskarte als Zeitdokument ihres Enkels, Patenkindes oder Freundes sehr freuen und gerne zurückschreiben. So kann auch zu Personen, die nicht im nächsten Umfeld wohnen, ein ritualisierter Austausch entstehen.

Ritualisierte Lernhilfen und Lernspiele

Mithilfe von Sprachkalendern für Kinder und Schüler kann man ein schönes Guten-Abend- oder Guten-Morgen-Ritual für Kinder gestalten. Das geht zum Beispiel mit einem englischen Abreißkalender: Jeden Tag beim Frühstück gibt es einen einfachen englischen Satz, der auf dem Kalenderblatt steht und die englischen, amerikanischen und irischen Bräuche und Feiertage des jeweiligen Datums erklärt. Auch für die Erwachsenen gibt es dabei oft neue Vokabeln zu entdecken. Die Sprachkalender, die es natürlich in vielen Sprachen gibt, machen Sinn als Ergänzung zur Schule. Wenn die Kinder dann größer werden und schon eine Lieblingsband haben, die auf Englisch singt, können Sie ja gemeinsam versuchen, die Texte zu verstehen und zu übersetzen. Somit sind Ihnen auch die Aufmerksamkeit und das Interesse von pubertierenden Heranwachsenden sicher.

Helfen Sie immer bei den Hausaufgaben Ihrer Kinder oder eher selten? Kinder sollten ihre Hausaufgaben natürlich normalerweise alleine bewältigen, aber manchmal haben Sie ein schlechtes Gefühl dabei, sie ihrem Schicksal komplett allein zu überlassen? Dann wählen Sie einen bestimmten Tag, an dem Sie ganz bewusst bei den Hausaufgaben dabei sind. Beispielsweise sitzen Sie am Montag bei Felix und freitags bei Anna, um ihnen ein bisschen über die Schulter zu sehen. Dazu gibt es als Ergänzung des wöchentlichen Rituals eigens gebackene Lernkekse, die aus einem selbst kreierten Rezept mit gesunden Zutaten bestehen und vorher gemeinsam gebacken worden sind. Einmal die Woche können Sie dann hilfreiche Tipps vor allem zur Strukturierung bzw. Gliederung von Aufgaben, Schriftbild etc. geben und auch ruhig einmal ganz genau erfragen, wie das Kind an eine bestimmte Aufgabe herangeht. Manchmal hilft ihm schon die Gewissheit, einmal in der Woche Mama oder Papa an der Seite zu haben. Einfache Hinweise und Eselsbrücken kann es dann in Ruhe an den anderen Tagen selbst ausprobieren und umsetzen.

Die ungeliebten Hausaufgaben

Wenn die lieben Kleinen mal wieder stundenlang über ihren Hausaufgaben sitzen, immer wieder etwas finden, was sie von den eigentlichen Übungen abhält und einfach keine Lust haben, helfen kleine Motivationsrituale. Je nach Vorlieben Ihres Kindes kann man die Mathehausaufgaben schmackhaft machen, indem man gemeinsam Geschichten um die Zahlen erfindet. Man kann sich zum Beispiel vorstellen, die Aufgabe ist ein Code zu einer verschlossenen Geheimtür, den es zu knacken gilt. Man hat nur eine Chance und muss sich absolut konzentrieren, sonst bleibt sie verschlossen. Bei Deutschhausaufgaben können Sie Ihr Kind, das vielleicht gerne Polizei spielt, ermutigen, sich vorzustellen, dass es ein wichtiges Täterprofil abschreiben soll oder aber das nötige Tagesprotokoll erstellen muss. Je nach Alter und Fach ist Ihre Kreativität und die des Kindes gefragt. Wenn das Kind einmal weiß, wie es sich die Hausaufgaben oder die Übungen in der Schule spielerisch spannender gestalten kann, wird es auf immer neue Ideen kommen. Wenn nicht, stehen Sie ihm während des Hausaufgabenrituals anregend zur Seite.

Fantasiereisen

Erfinden Sie mit Ihrem Kind immer mal wieder Geschichten. Egal, ob Ihr Kind Probleme mit Aufsätzen hat oder sie besonders gut beherrscht – Geschichtenerfinden fördert in jedem Fall die kindliche Fantasie und die Fertigkeit, eine gute Geschichte aufzubauen. Sie erfahren dadurch nebenbei auch ganz genau, was Ihr Kind beschäftigt, und umgekehrt natürlich auch.

Zuerst brauchen Sie einen Protagonisten. Wer ist die Hauptfigur? Das kann eine bereits bekannte Fantasiefigur sein, wie Wicky oder Pippi Langstrumpf, eine erfundene oder sogar das Kind selbst. Dann spinnen Sie eine Geschichte. Was will die Figur? Was macht die Figur? Wen trifft sie? Welche Hindernisse stehen ihr im Weg? Wer ist ihr Freund? Wer ist ihr Feind? Gemeinsames Nachspielen der Geschichte zeigt dem Kind schnell, ob es eine gute, spannungsreiche Story ist.

Lernzielritual

Sind Sie schon einmal auf den Gedanken gekommen, mit Ihrem Kind zusammen einen Plan aufzustellen, was es außerhalb der Schule gerne lernen möchte? Viele Kinder haben sehr genaue Vorstellungen davon, was sie lernen wollen. Machen Sie in regelmäßigen Abständen mit Ihrem Kind ein kleines Ritual daraus, kurz innezuhalten, um zu erforschen, was es noch alles lernen möchte, sei es, ein Instrument zu spielen, töpfern, malen mit Ölfarben oder einen Handstandüberschlag zu meistern. Notieren Sie sich die verschiedenen Punkte und machen Sie Ihrerseits ruhig auch Vorschläge. Wenn die Wünsche nicht zu kostenintensiv sind und Sie den Eindruck haben, dass sie nicht nur aus einer Laune heraus entspringen, versuchen Sie sie umzusetzen. Auch wenn Kinder das Hobby oder den Kurs bald wieder aufgeben, war die bloße Berührung mit einer neuen Herausforderung für Ihr Kind ein wichtiges Lernerlebnis. Wer nie eine Tuba in der Hand hatte, kann nicht wissen, dass er hoffnungslos unbegabt ist. Wer nie einen Tennisschläger in der Hand hatte, kann nicht herausfinden, dass er der nächste Boris Becker ist. Tanzen Sie nicht nach der Pfeife Ihrer Kinder, aber geben Sie Ihnen so oft wie möglich die Möglichkeit, Neues auszuprobieren, auch auf die Gefahr hin, dass es bald wieder uninteressant wird.

Wenn Sie sich dann das nächste Mal für Ihr Lernzielritual zusammensetzen, können Sie gemeinsam Revue passieren lassen, was ihr Kind schon alles gelernt hat von dem, was es sich vorgenommen hat, und können neue Pläne machen. Wenn es ein Hobby wieder abbrechen will oder abgebrochen hat, sprechen Sie eingehend darüber, warum. Liegt es an der Tätigkeit selbst? Am Lehrer? An der bloßen Unlust? Oft sind Kinder gar nicht so schnell desinteressiert, sondern haben konkrete Gründe, warum sie das Interesse verloren haben.

Nutzen Sie dieses Ritual auch, um eventuelle Preise, Konzertteilnahmen oder ähnliche Errungenschaften nochmals zu betonen. Wenn Ihr Kind einen Preis gewinnt, ist dies ein schöner Anlass, ein Fest zu feiern, welches das Kind gestalten darf.

Spezialtraining für Cracks –
Rituale zur individuellen Förderung

> Niemand weiß, was er kann,
> bis er es probiert hat.
>
> *Publilius Syrus*

Für ganz besonders aufgeweckte und wissbegierige Kinder gibt es an einigen Universitäten und Hochschulen spezielle Kindertage und Kindervorlesungen in Naturwissenschaften, Technik und anderen Bereichen. Die Angebote orientieren sich meist an den ansässigen Studienfächern und werden in spielerischer Form und entsprechend angepassten Lerneinheiten präsentiert. Zu finden sind sie beispielsweise unter dem Titel Kinderuniversität oder Science Days. Die Kinder haben hierbei die Gelegenheit, eine Hochschule zu erleben und können ihren Wissensdurst befriedigen. Unterschätzen Sie Ihre Kinder nie – auch scheinbar desinteressierte, leicht ablenkbare Kinder werden bei den richtigen Themen mucksmäuschenstill und begreifen erstaunlich schnell. Bei so manchem Kind nahm während einer Kindervorlesung sogar schon das Berufsziel klare Formen an. Die Kinder haben hierbei die Chance, sich über Bereiche zu informieren, die weit über das Allgemeinwissen von Eltern und Lehrern hinausgehen. Bei besonders begabten Kindern ist das eine der wenigen Möglichkeiten, ihrem Forschungsdrang gerecht zu werden. Schon Grundschüler können hier mit Professoren und Tüftlern fachsimpeln und sich kindgerecht auf ihren Spezialgebieten austoben.

Die Familie als Interessengemeinschaft

Entwickeln Sie zusammen mit jedem Kind ein Ritual an einem festen Tag in der Woche oder im Monat, um seinen Neigungen und Interessen nachzukommen. Eine neue Generation von

Museen hilft Ihnen bei der Umsetzung solcher Rituale und ermöglicht Ihnen den Zugang zu altersgerecht aufbereitetem Wissen. Viele Ausstellungen sind interaktiv und faszinieren die Kinder, weil sie selbst tätig werden und sich durch Versuche einem Thema spielerisch annähern können. So können Sie gemeinsame Stunden erleben, die sicherlich auch Ihren Horizont erweitern werden.

Auch die sportlich talentierten Kinder sollen auf ihre Kosten kommen und von ihren Eltern Unterstützung sowie gemeinsame feste Zeiten rund um ihren Sport erhalten. Ein Schwimm- oder Laufritual vor dem Frühstück am Wochenende, bei dem man auf dem Rückweg Brötchen für die ganze Familie holt, oder das regelmäßig gemeinsam absolvierte Training schweißen dauerhaft zusammen. Das Kind bekommt Gelegenheit zu zeigen, was es kann, und Sie können aktiv an seinen Fortschritten teilhaben.

Denken Sie jedoch nach einer solchen Anstrengung immer auch an das wichtige und wohlverdiente Entspannungsritual danach. Das kann eine warme Wanne, eine Massage, eine Hängematte-Lesepartie, Kuscheln vor dem Kamin oder die Fußmassage auf dem teuren Gerät von Papa sein.

Kombinieren Sie jedenfalls jedes Trainingsritual, egal ob mental oder physisch, immer mit einem angenehmen Ausgleichsritual, sodass Spannung und Entspannung immer in ausgewogenem Verhältnis bleiben. Wie eine Welle steigt so die Anspannung, um dann wieder sanft abzufallen. So kann man nach einem Museumsbesuch ruhig mal Hamburger essen, ins Kino gehen oder – als körperlicher Ausgleich – Fußball spielen.

Ritual Wissenstradition

In vielen Völkern der Erde wird Wissen von den Älteren an die Jüngsten mündlich weitergegeben. Schulen gibt es nicht. Das Wissen wird von Generation zu Generation weitergetragen und bekommt so einen einzigartigen Stellenwert in den jeweiligen Familien. Auch heutzutage ist es noch so, dass wir das, was uns unsere Eltern oder Großeltern persönlich beigebracht haben, in besonderer Erinnerung halten. Der Gewinn bei dieser Wissenstradition ist nämlich ein doppelter: der geteilte Moment des Lehrens und Lernens zum einen und die vermittelten Fähigkeiten, die durch die Jüngeren weitergetragen werden und so nicht verloren gehen, zum anderen.

Machen Sie mit Freunden, Bekannten und Nachbarn ein ähnliches Generationsgeschenk an die Jüngeren. Ritualisieren Sie, reihum einen Kurs oder Einzelsitzungen auf Ihrem Spezialgebiet Ihren Kindern und deren Freunden anzubieten. Fragen Sie auch andere Eltern, ob sie Lust haben, immer mal wieder an Wochenenden besondere Fähigkeiten an die eigenen und befreundeten Kinder weiterzugeben. Dabei ist es gleichgültig, ob Sie besondere Kochtipps auf Lager haben, als Grafiker Zeichenanleitung geben, als Chemiker kleine Experimente zeigen können oder als Apotheker mit den pubertierenden Nachbarsmädchen eigene Gesichtscremes herstellen. Hauptsache, Sie können Ihr spezielles Wissen und Fähigkeiten weitergeben, mit denen die Kinder anderweitig nicht in Berührung gekommen wären.

Spannend ist auch, wenn man Familien kennt, die einen Bauernhof haben. So lernen Kinder, wie man Tiere versorgt, Pflanzen kultiviert und wo all die Dinge vom Frühstückstisch eigentlich herkommen.

Wer unsicher ist, ob die Kinder am eigenen Spezialgebiet Spaß finden, »unterrichtet« zunächst nur ein Kind und schaut, wie es klappt. So ritualisieren Sie das Geben und Nehmen von Wissen und fördern einen engeren, außerschulischen Kontakt zwischen Kindern und Eltern.

Spezialritual für jedes Kind

Einmal im Jahr können Sie jedem Kind ein Spezialritual schenken. Das bietet sich besonders bei älteren Geschwistern an, die schon ausgeprägte eigene Interessen haben und im hektischen Alltag mit den kleineren Geschwistern ab und an zu kurz kommen.

Wenn es sich beispielsweise besonders für einen Wissenschaftler, Nobelpreisträger, Dichter, Musiker oder für das Werk eines berühmten Menschen interessiert, machen Sie einen Ausflug in dessen Heimat- oder Geburtsstadt oder besuchen sie den Ort, an dem sein berühmtestes Werk zu bewundern ist. Bei dem Stadtbesuch können Sie dann eine Schnitzeljagd rund um alle interessanten Dinge der betreffenden Person und deren Schaffen veranstalten. So gehen Sie auf das Interesse eines Kindes besonders ein, lernen eine Stadt kennen und erweitern Ihr und das Wissen Ihrer Kinder mit einem kleinen Wettbewerb. So verpacken Sie eine Stadtbesichtigung und endloses Gehen, was Ihnen normalerweise lange Gesichter bescheren würde, in ein packendes Ausflugsritual.

Oder aber Sie fahren an andere Orte, die Ihre Kinder faszinieren: Ob es der schiffsbegeisterte Sohn ist, mit dem man eine Hafenstadt besucht oder die pferdebegeisterte Tochter, mit der man für zwei Tage auf einem Ponyhof übernachtet – die Möglichkeiten und Ziele sind unbegrenzt.

Eltern-Kind-Camps

Die Reise in die Interessenwelt Ihrer Kinder kann Sie auch persönlich fordern. So gibt es zum Beispiel zu speziellen Themen Vater- oder Mutter-Kind-Camps. Hier lernt der Spross zusammen mit seinen Eltern sein Lieblingshobby und wird ganz gezielt auf seinem Spezialgebiet trainiert. Mutter und Vater werden dabei mitintegriert und müssen ebenfalls beim Fußballkonditionstraining schwitzen oder lassen die Hirne über kniffligen Aufgaben rauchen – eine schöne Gelegenheit, sich für den Nachwuchs einzusetzen und mal den Versuch zu starten, im Metier des Kindes durchzublicken. Einmal im Jahr sollte für jedes Kind so ein Camp oder Kurztrip über ein bis zwei Tage möglich sein. Versuchen Sie es ganz bewusst in der Eltern-Kind-Konstellation, die im Alltag eher selten vorherrscht. Wenn beispielsweise der Vater mit der achtjährigen Tochter schon lange keine Interessen mehr teilt und kaum noch etwas unternimmt, werden der Kontakt und das gegenseitige Verständnis durch einen gemeinsamen Ausflug in ein Camp, das die Tochter aussucht, wieder aktiviert. Auch wenn das heißt, dass Papa auf einem störrischen Pony reiten lernen muss und Mama sich im Kletterkurs ihrer Höhenangst stellt.

Purzelbäume – Aktivrituale für die ganze Familie

> Durch das Einfache geht der Eingang
> zur Wahrheit.
>
> *Georg Christoph Lichtenberg*

Wie oft wird bei Ihnen zu Hause getobt? Machen Sie Gymnastik mit oder ohne Kinder? Vermeiden Sie das heimische Training geradezu im Beisein Ihrer Familie, weil Sie dann Ihre Übungen nicht in Ruhe exerzieren können? Oder vermeiden Sie Sport per se? Auch wenn Sie keine Sportskanone sind, sollten Sie Ihren Kindern ein Mindestmaß an körperlicher Aktivität vorleben bzw. mit ihnen teilen, sonst haben Sie unter Umständen schnell eine Couchpotatoe zu Hause.

Bewegungsrituale: Toben und Turnen

Wenn Sie noch keine Matte oder Matratze als Tobe- und Kuschelecke für Ihre Kinder haben, dann richten Sie diese ein. Hier treffen sich die Kinder und Erwachsenen zum abendlichen Lümmel-, Tobe- und Turnritual. Kinder lernen Koordination und Beweglichkeit nicht im Schul- oder Kindergartensport, wo sie Übungseinheiten absolvieren müssen, sondern beim Austoben, Springen, Drehen und Fallenlassen zu Hause. Geben Sie Ihren Kindern und sich den Raum dazu. Hier werden nach Lust und Laune Purzelbäume vor-, rück- und seitwärts gemacht, Saltos geübt, Kopf- und Handstand ausprobiert. Jeder darf seinem Bewegungstrieb nachgeben. Dabei darf es ruhig mal laut zugehen. Auch die Eltern können mal wieder einen Schulterstand probieren oder zählen, wie viele Liegestützen noch möglich sind. Jeder darf sich vom anderen etwas abgucken und es ausprobieren.

Wer viel Platz hat, kann sich sogar ein ganzes Zimmer auspolstern. Es kann gut sein, dass dieser Raum zum Lieblingsplatz der Kinder und der ganzen Familie wird. Solch ein Zimmer ist auch ideal für Kinderbesuch. Wird es Ihnen Angst und Bange um die Möbel im Wohn- oder Kinderzimmer oder die Sicherheit der Kinder, weil es mal wieder hoch hergeht, ist ein Toberaum der ideale Platz für Kissenschlachten, endlose Hüpfspiele und Kindergeburtstage. Auch Kleinkinder, die einen Laufstall verschmähen und trotzdem sicher spielen sollen, sind hier bestens aufgehoben. Hier können sich auch die gestressten Eltern hinlegen und die Kleinen um sich herum in sicherer Umgebung toben lassen.

Wenn Sie nicht gerade Staatsbesuch erwarten, können Sie das Tobezimmer ganz einfach in ein Gästezimmer umfunktionieren. Als äußerst praktisch erweist es sich, wenn Ihre Kinder Übernachtungsgäste mitbringen und Sie nicht jedes Mal das Kinderzimmer umbauen müssen. Vom Kleinkind- bis ins Teenie-Alter und für Erwachsene ist das der optimale Indoor-Spielplatz. Vielleicht sind Ihre Kinder sogar bereit, dafür auf ein eigenes Zimmer zu verzichten. Falls Sie umziehen wollen, sollte der Toberaum fester Bestandteil Ihrer Planung sein.

Aktiv-Ausflüge

Ein aktiver Lebensstil setzt sich später fort, deshalb ist es wichtig, mit den Kindern zusammen Bewegung zu ritualisieren. So schützen Sie sich selbst und Ihre Kinder vor Übergewicht und geben Ihrem Kind einen guten Start für den späteren Sport- und Turnunterricht. Unter Kindern stehen die sportlichen, geschickten noch immer hoch im Kurs. Sorgen Sie für feste Fitness-Rituale mit einem breiten Spektrum an Geschicklichkeits- und Motorikspielen. Survival-Parks und Hochseilgärten sind eine willkommene Abwechslung, um Kinder und Eltern aus der Reserve zu locken. Dort erhalten Sie Anleitung und Hilfe und können die Freizeit sportlich aktiv verbringen, an die sich sicher jeder von Ihnen mit Stolz erinnert, weil jeder die Chance hat, über sich hinauszuwachsen und Neues zu wagen. Vor allem Kinder, die nicht still sitzen können und oft lautstark provozieren, werden hier herausgefordert. Sie müssen sich voll auf eine Sache konzentrieren und sich einem Hochseilakt oder einer Kletterpartie voll hingeben. Ein solches Sportritual führt eine Familie oft neu zusammen, vor allem wenn Vertrauensspiele das Programm ergänzen. Wenn bei der Überwindung von Hindernissen die Familienmitglieder alle aufeinander angewiesen sind und jeder sich als wesentlichen Teil, ohne den das ganze Unterfangen scheitern würde, wahrnimmt, bringt das neben dem Spaß Selbstbewusstsein und Vertrauen in sich selbst und andere.

Familienolympiade

Familienolympiade ist das Sportereignis für die ganze Familie, mit Disziplinen wie Eierlaufen, Minigolf, Liegestützen, dem »Indianerblick«, wo sich zwei in die Augen starren – wer hält am längsten durch, ohne zu lachen oder zu blinzeln? Jeder sucht sich eine Disziplin aus. Die anderen müssen mitmachen. Dem Sieger winken sein Lieblingsessen und der Familienwanderpokal. Solche Aktivitätsrituale bieten sich besonders an Feier- und Festtagen wie Ostern an, wenn Tanten, Onkeln und Cousins auch dabei sind. Dann können Teams gebildet werden, die gegeneinander antreten, und auch Gruppensportarten sind dann möglich. Da können mal die Kinder gegen die Erwachsenen antreten, Jungs gegen Mädchen oder die jeweiligen Familienzweige gegeneinander. Solche Familienevents stärken das Zusammengehörigkeitsgefühl ungemein und machen oftmals zähe Familienbesuche und Kaffeekränzchen zu einer Gruppenaktivität, bei der jeder mit jedem interagieren kann.

Kreativrituale

Wer über genügend Platz verfügt, sollte unbedingt einen Hobbyraum einrichten, einen so genannten Kreativraum für Kinder und Eltern. Das kann ein schlichter Kellerraum ohne

Fenster sein, den die Kinder zusammen mit den Eltern gemütlich einrichten: Der Boden könnte zusammen ausgesucht und verlegt werden und die Wände könnten von allen Familienmitgliedern ideenreich bemalt werden. Kinder lieben es, mit Farben auch mal die Oberflächen zu bemalen, die sonst tabu sind.

Wenn der Raum weitgehend leer von Möbeln bleibt, können Kleinkinder dort auch Bobbycar fahren, schaukeln (zwei gut gesicherte Haken an der Decke befestigen und bei Bedarf die Schaukel einhängen) und turnen, wenn es regnet. Turnmatten zum Tollen ergänzen die Einrichtung, wenn Sie nicht bereits über ein separates Tobe- und Turnareal verfügen. Wenn Sie eine Schalldämmung haben, können die größeren Kinder den Raum zum Üben lauter Instrumente (Schlagzeug etc.) und für Partys nutzen. An Tischfußball, Tischtennis oder Billard haben sicher auch die Erwachsenen Spaß. Richten Sie auch einen Brettspielplatz ein. Ein kleines Tischchen mit dem Spiel, das Sie entweder fördern wollen oder aber Ihre Kinder unheimlich gerne spielen, wie Schach oder »Mensch ärgere dich nicht«. Dieses bleibt aufgebaut, sodass jederzeit gespielt werden kann.

Eine schöne, gern praktizierte Idee ist es, in dem Hobbyraum für jedes Kind einen Wandbereich vorzubestimmen, der nur ihm gehört und den es gestalten darf.

Man kann ihn auch mit Markierungen versehen, die anzeigen, wie groß das Kind jeweils ist. An jedem Geburtstag kann man dann ritualisieren, feierlich in den Hobbyraum zu gehen, um zu sehen, wie viel das Geburtstagskind im letzten Jahr gewachsen ist, und eine neue Markierung hinzuzumalen.

Sie können auch einführen, den Raum immer an Neujahr wieder ganz weiß zu streichen, um den Neuanfang zu symbolisieren, und dann gemeinsam die Wände neu bemalen. Wenn Sie die Wandbemalungen der jeweiligen Jahre fotografisch festhalten, werden Sie eine schöne Bilderreihe erhalten, die die kreative Entwicklung Ihrer Kinder über die Jahre hinweg dokumentiert.

Eine ebenfalls schöne Idee ist es, Kinder jedes Jahr, am Geburtstag oder an Neujahr, ein bestimmtes Motiv abmalen zu lassen. Sie werden staunen, was für eine interessante Bildreihe Sie nach fünf Jahren haben werden, bei der jedes Bild völlig anders aussieht, obwohl das Motiv immer gleich geblieben ist.

Nachtwanderungen

Für Kinder und Erwachsene, die des Sonntagsspaziergangs müde und im Prinzip Bewegungsmuffel sind, ist eine Nachtwanderung eine abwechslungsreiche und aufregende Angelegenheit. Eine Nachtwanderung mit Taschenlampe oder Fackeln bringt Abenteuer und Abwechslung in den schnöden Alltag. Wenn es im Winter frisch geschneit hat, macht es Spaß, nochmal bei Dunkelheit durch den unberührten Neuschnee zu stapfen. Aber auch im Sommer, wenn es den ganzen Tag zu heiß war, um sich zu bewegen und an Schlaf nicht zu denken ist, ist eine Wanderung in der lauen Sommernacht ein schöner Ausklang des Tages. Wenn die Kinder noch klein sind, können Sie die Wanderung mit einem Fantasiespiel kombinieren, indem Sie davor oder währenddessen eine Geschichte erzählen und sich vorstellen, Sie alle wären jetzt Teil der Geschichte und bestehen gemeinsame Abenteuer.

Bei größeren Kindern, die gerne Übernachtungsgäste zu ihrem Geburtstag einladen, können Sie eine Nachtwanderung als Abschlussritual der Party einführen. Zuhause wartet dann vielleicht noch ein Mitternachtssnack.

Wochenendrituale

> Jeder ist der Sohn seiner eigenen
> Werke.
>
> *Cervantes*

Wer das Wochenende ungeplant antritt, findet sich schnell im Chaos wieder, denn keiner weiß, wer was einkauft, geschweige denn, was es zu essen geben soll. Sensationelle, spontane Eingaben für tolle Unternehmungen sind eher selten. Zwischen quakenden Kleinkindern und nörgelnden Jugendlichen ist man selbst oft müde und fühlt sich unwohl. Perspektivlos starrt man auf den frisch beschmutzten Boden, hört das Glas im Hintergrund auf den Küchenfliesen zerbersten und wünscht sich, es wäre schon Montagmorgen und nicht erst Samstagmorgen. Resigniert würden wir manchmal am liebsten die Flucht ergreifen, aber wir tun es nicht, denn wir wissen: Das ist keine Lösung! Leider.

Daher sollte man versuchen, in der Woche schon Vorbereitungen zu treffen für einen guten Start ins Wochenende.

Ein Wochenende fängt schon mal gut an, wenn wir ein gemütliches, opulentes Frühstück machen, für das entweder am Freitag schon alles eingekauft wurde oder aber man ritualisiert, dass ein Elternteil mit einem oder mehreren Kindern frische Brötchen kaufen geht, die sich dabei etwas besonders Leckeres aussuchen dürfen.

Ritual Wochenendplanung

Ein guter Zeitpunkt für das gemeinsame Ritual Wochenendplanung ist das Frühstück. Wenn ein ungeplantes Wochenende bereits angefangen hat, ist es sinnvoll, dieses doch noch ein wenig zu planen bzw. das folgende Wochenende grob zu skizzieren, um wenigstens dieses zu retten. Wenn Sie größere

Unternehmungen oder Ausflüge vorhaben, sollten diese mindestens ein bis zwei Wochen vorher grob geplant sein.

Besprechen Sie zunächst, was alles erledigt werden muss, denn leider werden viele Besorgungen oft auf die Wochenenden verlegt. Versuchen Sie, die lästigen Pflichten, wie Baumarktbesuche, Rasenmähen, Waschen, Putzen etc. gleichmäßig und effizient untereinander aufzuteilen, sodass alles schnell erledigt ist und man sich dem entspannenden Teil des Wochenendes zuwenden kann. Versuchen Sie, solche Erledigungen in Rituale zu verpacken, die an ein angenehmes Erlebnis gekoppelt sind. Was für Erwachsene lästige Notwendigkeiten sind, macht Kindern großen Spaß, wenn sie z. B. selbstverantwortlich Rasen mähen dürfen oder im Baumarkt als Berater Vater und Mutter zur Seite stehen. Als Belohnung für die Zusammenarbeit von allen kann man dabei gleich einen Kinobesuch, eine kurze Wanderung oder einen Grillabend nach getaner Arbeit in Aussicht stellen. So packen alle motivierter mit an.

Ideensammlung

Sammeln Sie reihum die Vorschläge aller Familienmitglieder für die Wochenendgestaltung und notieren Sie die einzelnen Ideen. So fühlt sich jeder ernst genommen und das Projekt Wochenende kann Form annehmen.

Schreiben Sie sich alle möglichen und ruhig auch die derzeit noch unmöglichen Wochenendaktivitäten auf, damit Sie auf diese zurückgreifen können, wenn Ihnen mal überhaupt nichts mehr einfällt. Wenn Sie oder einer Ihrer Lieben eine neue Idee hat, nehmen Sie sie direkt in die Liste auf. Wenn Sie sich mal wieder im Ritual Wochenendplanung befinden und niemandem etwas Tolles einfallen will, ist es gut, ein eigenes Wochenend-Nachschlagewerk zur Hand zu haben. Manchmal fällt einem dann wieder etwas ins Auge, was man schon lange nicht mehr gemacht hat.

Doch überladen Sie Ihre Freizeit nicht mit Plänen und Aktivitäten! Die einfachsten Dinge sind manchmal die stressfreisten und effektivsten: Bevor Sie an einem heißen Sommerwochenende mit kleinen Kindern ins überfüllte Freibad gehen, bauen Sie lieber im Garten oder auf dem Balkon ein Planschbecken oder kleine Badewannen und Eimer auf. Ein bloßer Rasensprenger, durch den die kleinen Kinder zur Erfrischung hüpfen können und der sie nass spritzt, ist oft schon ein großer Spaß. Im Freibad würden Sie vermutlich noch mehr schwitzen, wenn Sie den ganzen Tag hinter Ihren kleinen Rackern herflitzen. Zu Hause können Sie entspannt die Familien-Mini-Poolparty mit Ihren Kindern genießen und verlieren nicht so leicht den Überblick.

Anregungen für das persönliche Ideen-Nachschlagewerk beim Ritual Wochenendplanung:

- Kutschfahrt im Sommer oder durch den Schnee
- Spieleabend
- Familienolympiade
- Ponyreiten oder Pferdestall besuchen
- Abenteuerspielplatz,
- Lagerfeuer und/oder Grillen
- Kuchen backen
- Schlitten fahren
- Trampolin (gut auch für zappelige, nervöse oder ADS-Kinder)
- Schnupperkurse für Sportarten besuchen
- Zelten
- Bibliothek
- Zoo/Tierpark
- Pilze sammeln
- Schwimmen gehen
- Schlauchboot-/Kanufahrten für Schwimmer
- Kino

Bitte mit der Familie vervollständigen und aufbewahren!

Denken Sie daran: »Tätigkeit ist der wahre Genuss des Lebens, ja das Leben selbst«, das sagte schon Friedrich von Schlegel. Wer selbst aktiv wird, fühlt sich besser. Werden Sie mit Ihrer Familie zu den »Machern« Ihres Lebens.

Ob Sie nun Zeit finden für gemeinsame Unternehmungen oder das Wochenende genutzt wird, um sich zu erholen und Liegengebliebenes zu erledigen: An Familienwochenenden ist es immer sinnvoll, zumindest einmal alle zusammenzubringen und den Fokus auf eine Sache zu richten. Manchmal reicht schon ein gemeinsamer Termin, dem sich alles andere wie Einkaufen, Freunde treffen, Telefonieren oder der Sport anpassen und unterordnen muss. Das kann eine gemeinsame Mahlzeit, ein bestimmtes Familienritual oder ein gemeinsamer Ausflug sein. Hauptsache ist, dass die Familie mindestens einmal am Wochenende zusammenkommt und etwas gemeinsam unternimmt – auch wenn die Kinder schon älter und nicht mehr ganz so wild darauf sind wie früher.

Der Zauberwald

Da man nicht jedes Wochenende die Zeit oder Energie für große Familienausflüge hat, sollte man kleine Ausflugsziele in der Nähe aufspüren, die man auch für eine oder zwei Stunden besuchen kann und die Ihnen und den Kindern Abwechslung bieten. Zwischen vier und zehn Jahren haben viele Kinder oft ohnehin am meisten Spaß, wenn ein Ausflug nicht zu anstrengend wird, und auch die Eltern sind manchmal froh, wenn Sie die müden und quengeligen Kinder nicht auf einer langen Heimreise noch bei Laune halten müssen.

Für solche nahen, kurzen Ausflüge sind Parks, Seen und Wälder immer ein gutes Ausflugsziel, bei dem man sich an der frischen Luft bewegen und die Natur erleben kann. Kinder lieben es, in der freien Natur zu spielen, den Wald zu erkunden, Stöcke, Tannenzapfen und Reisig zu sammeln, Pilze und Waldwesen zu entdecken. Gerade die Kleinen lieben es, sich in Gummistiefeln und alten Anziehsachen mal richtig schmutzig machen zu dürfen und durch das Dickicht oder hohes Gras zu toben.

Unternehmen Sie eine Reise in die Fantasie und schlüpfen für einen Waldnachmittag in Rollen von Reh, Waldgeist, Troll oder Fee. Erfinden Sie Geschichten zu einer bestimmten Lichtung, etwa, dass dort ein Einhorn lebt oder geben Sie den Bäumen dort Namen, sodass der Ort für die Kinder mehr wird als ein bloßes Waldstück. Sie werden staunen, wie sehr Kinder auf solche Fantasielandschaften anspringen. Die fantastischen, eigens erfundenen Geschichten können dann weiterentwickelt werden, sodass das Fantasieritual immer wieder an derselben Stelle stattfinden kann und inhaltlich jedes Mal fortgesetzt wird. Zu Ihrer Stelle im Wald können Sie stets zurückkehren und Ihre Fantasiewelt der Feen, Zwerge und Trolle besuchen.

Sammeln Sie Blätter, Kastanien und schöne Hölzer, die Sie mit nach Hause nehmen und an Regentagen in Ihrem Bastelraum verwerten können. Dabei können Sie auch den Verlauf der Jahreszeiten bewusster wahrnehmen und beobachten, Ihren Kindern Wissen über die verschiedenen Pflanzen des Waldes vermitteln und ihnen wertvolle Erinnerungen schaffen, die sie ihr Leben lang behalten werden.

Erlebnispfade

Familienwanderungen geben den arbeitsfreien Tagen Dynamik und gute Laune unter freiem Himmel. Wenn Blasen oder müde Füße den Nachwuchs plagen, sind Wichtelpfade genau das richtige. Auf so genannten Wald- und Wissenspfaden lernen Eltern und Kinder etwas über ihre Umgebung, müssen kleinere Aufgaben bestreiten und Fragen beantworten. Mit nackten Füßen durch frisches Bachwasser, auf Kieselsteinen oder matschigem Lehm kann man Barfuß-Pfaden folgen, die den Kreislauf und die Sinne anregen und mittlerweile vielerorts zu finden sind.

Auch die zahlreichen klassischen Trimm-Dich-Pfade sind eine schöne Möglichkeit, längere Spaziergänge für Kinder spannend und abwechslungsreich zu gestalten, sodass sie sich austoben können.

Ausflüge zu leichten Klettersteigen oder Waldseilgarten sind aufregende, größere Unternehmungen für Schwindelfreie oder für die, die es noch werden wollen. Dort kann man die Natur von oben erleben und gemeinsam mit der Familie Abenteuer bestehen. Wer in der Nähe einer Landesgrenze wohnt, sollte sich unbedingt auch über die Grenze hinweg einen Überblick über Ausflugsziele und Unternehmungsmöglichkeiten im Ausland verschaffen, denn oftmals haben Frankreich, Österreich, Holland oder die Schweiz etc. ihre ganz eigene Art, Kinder neu für Dinge zu begeistern.

Tierpatenschaften

Tiere sind für Kinder oft interessanter als jedes Spiel oder Spielzeug. Vielleicht möchten Sie ja für ein Tier im Zoo eine Patenschaft übernehmen und es regelmäßig besuchen, mit dem Pfleger hinter die Kulissen sehen und somit Ihren Kindern ein Ritual bieten, das ihnen über ein fehlendes Haustier hinweghilft. Sie könnten feste Termine am Wochenende einrichten, an denen Sie gemeinsam das Tier besuchen und schauen, wie es wächst und gedeiht. Unter der Woche können Sie gemeinsam altes Brot und Obst oder ähnliches für das Tier sammeln oder vor Ihrem Besuch dessen Lieblingspflanzen, wie z. B. Löwenzahn, pflücken, die sie dann gemeinsam an ihr »Patenkind« verfüttern. Die regelmäßigen Besuche der Tiere, die ihr Feder- und Fellkleid wechseln und vielleicht sogar Junge bekommen, lassen Sie gemeinsam vieles über die jeweilige Tierart lernen und lassen Sie auch die verschiedenen Jahreszeiten bewusster wahrnehmen.

Jahreszeitenrituale

Den Lauf der Jahreszeiten können Sie in Ihrer Familie durch verschiedene andere Rituale begleiten. Das können bestimmte Gerichte sein, die für Sommer oder Winter typisch sind, oder bestimmte Unternehmungen, mit denen Sie die verschiedenen Jahreszeiten einläuten.

Zum Frühlingsanfang können Sie zum Beispiel das »Waldritual« abhalten und gemeinsam beobachten, wie der Wald erwacht und die scheinbar toten Bäume und Pflanzen wieder grün ausschlagen. Das können Sie auch in Ihr Fantasieritual im Wald einbauen, indem Sie sich gemeinsam vorstellen, ein Zauberer hätte den Wald verzaubert, der nun wieder zum Leben erwacht, weil der Winterzauber gebrochen wurde.

Wenn der Sommer beginnt, kommt die Zeit an der frischen Luft im Garten oder irgendwo am Wasser. Das einfachste und schönste Sommerritual sind die nach draußen verlagerten Mahlzeiten. An einem plätschernden Bach in einer wildromantischen Umgebung ist ein Picknick für alle toll. Es reichen Butterbrote, Hähnchenschenkel, Obst, Getränke und die karierte Tischdecke, damit das Picknick-Gefühl aufkommt. Meist muss man nicht weit fahren, um einen solch abgelegenen hübschen Platz zu finden. Auch ein Lagerfeuer am Abend ist für Kinder immer ein Highlight.

Kinder lieben den Duft von Abenteuer, und den gibt es ganz sicher bei Lagerfeuer und Stockbrot. Den Teig für das Stockbrot können Sie aus 400 g Mehl, 1/2 TL Salz, 2 TL Backpulver, 50 g Butter und 150 ml Milch herstellen. Schon bei der Teigvorbereitung sind die Kinder mit dabei. Dem Teig können je nach Lust und Laune Kräuter, Käse, Schinken etc. beigemischt werden. Vor Ort können Sie dann geeignete Stöcke im Wald suchen, deren Rinde abmachen und sie zurechtschnitzen. Jeder kann dann seinen eigenen Teig mit der eigenen Kreation vor Ort um einen Stock winden, evtl. noch in Zucker wenden, damit eine schöne Kruste entsteht. Über dem Lagerfeuer wird dann der Stock so lange gedreht, bis das Brot gebräunt ist.

Auch Sonnwendfeiern und Johannisfeuer sind ein schönes Ritual, das vielerorts gepflegt wird und das den Jahresverlauf markiert. Besuchen Sie es mit Freunden und genießen Sie die Aufregung Ihrer Kinder, am längsten Tag des Jahres so lange aufbleiben zu dürfen und ein so großes Feuer unter freiem Himmel zu erleben. Erklären Sie Ihnen dabei, warum es stattfindet, was Sonnenwende genau bedeutet, damit die Kinder verstehen, was dieses Fest markiert.

Ähnlich können Sie dann am kürzesten Tag im Jahr die Wintersonnenwende würdigen, die ja in die Vorweihnachtszeit fällt. Machen Sie, wenn es draußen ganz früh schon wieder dunkel wird, drinnen eine gemütliches Nest für Ihre Familie, mit vielen Lichtern und Kerzen. Erzählen Sie sich Geschichten, während im Ofen die Bratäpfel oder Plätzchen duften.

Auch der Herbst kann seine eigenen Rituale erhalten. So können zum Beispiel alle zusammen den Garten für den Winterschlaf fertig machen: Die Beete werden mit Laub abgedeckt, die letzten Äpfel gepflückt und die Zwiebeln für die Blumen des nächsten Jahres gepflanzt.

So lernen Kinder, dass die Starre der Natur über den Winter nur eine vorübergehende ist und unter der Erde, geschützt vor dem Frost, die Blumen nur darauf warten, wieder hervorzukommen. Außerdem können Sie die Kinder so mit einbeziehen in die Gestaltung des Gartens. Jeder kann ein Beet bekommen, das er mit Blumen seiner Wahl bepflanzen darf. Im Frühjahr können sie sich dann auf das Ergebnis ihrer Mühen freuen und lernen dabei zugleich viel über Pflanzen und Natur.

Rammadamma – ein Ritual des Loslassens

»Besitz belastet«, so lautet ein altes Sprichwort, das sich gerade bei größeren Familien schnell bewahrheitet. Kinderzimmer, Keller, Speicher und Garagen quellen oftmals über von Dingen, die man ja »doch vielleicht noch mal gebrauchen könnte«, die aber letztlich nur noch Platz kosten. Es tut nicht nur dem Haushalt, sondern auch der Seele gut, ab und zu mal solche alte Dinge auszumisten, Platz zu schaffen und Überflüssiges loszulassen. Auch kann man sich dabei immer wieder darüber bewusst werden: Was brauche ich wirklich? Warum hänge ich daran? Wem kann ich damit noch eine Freude machen?

Bei diesem Ritual des Loslassens können Sie regelmäßig Spielsachen, Bücher, Kleidung und sämtliche Gegenstände, die niemand mehr braucht, die zu klein geworden oder kaputt sind, aussortieren. Auch auf die Jüngsten wirkt das Räumen und Sortieren äußerst ansteckend und im Nu fangen sie an, es den Größeren gleichzutun. Das kollektive Rammadamma ist zwei- bis viermal pro Jahr sinnvoll. Daraus ergibt sich dann noch ein weiteres Ritual:

Sie können beim Sortieren einen Stapel schaffen für Dinge, über die sich andere noch freuen würden, zum Beispiel Verwandte mit kleineren Kindern, Freunde oder auch Hilfsorganisationen. So wird das Ausmisten zu einem Ritual des Gebens und Schenkens. Sie werden sehen, wie viel mehr das Gefühl, jemandem eine Freude zu machen, befriedigt, als es der Besitz der Dinge je getan hätte.

Oder Sie können am Wochenende danach einen Flohmarkt organisieren. Die Kinder integrieren Sie dann in den Verkauf von gebrauchten Gegenständen und Spielsachen aller Art. Wenn Sie wollen, können Sie vereinbaren, dass 10 Cent pro verkauftes Stück für eine gute Sache gespendet werden sollen. So lernen die Kinder verschiedene Hilfsorganisationen kennen, denn sie dürfen mitentscheiden, für wen gespendet wird. So erfahren auch die Kleineren, dass sie Dinge verändern und gestalten können. Sie bekommen eine Vorstellung und ein Gefühl für die Nöte anderer Menschen und ihrer Umwelt. Außerdem erleben sie, wie schön es sich anfühlt, etwas Gutes zu tun und nicht nur auf den eigenen Profit zu achten.

Zum Floh- oder so genannten Garagenmarkt bietet es sich an, Freunde der Kinder, Eltern, Nachbarn, Bekannte und Verwandte einzuladen. Wenn zusätzlich Getränke, Kuchen, Würstchen, Salate etc. ausgegeben oder verkauft werden, kann eine richtige Party steigen, die gleichzeitig einem guten Zweck dient.

Vier Gründe machen dieses praktische, lehrreiche und gesellige Ritual unschlagbar: Garage, Keller und Haus werden entrümpelt, gleichzeitig steigt eine Party mit Freunden, es werden Einnahmen erzielt und zum Teil für einen guten Zweck gespendet.

Nach dem gegenständlichen Ausmisten sind Sie vielleicht auch für das seelische Entrümpeln bereit. Welche Gewohnheiten, Rituale und Regeln mögen Sie nicht mehr? Was soll indes dazukommen?

Fernsehrituale: Tele-Vision oder Glotze?

> In der Beschränkung zeigt sich erst der
> Meister.
>
> *Johann Wolfgang von Goethe*

Kann Fernsehen ein gutes Ritual sein oder gar ersetzen? Fernsehen ist vielfältig einsetzbar und kann sowohl positiven Nutzen haben, als auch großen Schaden anrichten.

Ob Filmwünsche der Kinder berücksichtigt werden können, hängt vom Alter, dem Tag, der Uhrzeit und der Art der Sendung ab. Wenn jeder einmal pro Woche seine persönliche Lieblingssendung sehen darf, kann dies zum entspannenden wöchentlichen Ritual werden. Ein Glas Saft, eine warme Kuscheldecke, Lieblingssocken, Schlafanzug und der Duft des Lieblingsessens, der an diesem Tag immer durchs ganze Haus strömt, machen ein gewöhnliches Fernseherlebnis zum Ritual. An den übrigen Tagen bleibt der Fernseher, vor allem für die jüngeren Kinder, aus. Oft vergessen die Kinder das Fernsehen einfach, wenn es nicht zum täglichen Ritual wird.

Ein weiser Mensch sagte einmal, dass jedes Kind ein Lagerfeuer einer jeden Fernsehsendung vorziehen würde. Wenn Sie Spannendes unternehmen, wird das Bedürfnis nach dem Fernseher immer geringer. Dazu gehört auch, dass Radio und Fernsehgerät nicht im Kinderzimmer stehen. Wenn die Eltern gar nicht oder erst dann fernsehen, wenn alle Kinder im Bett sind, wird die Mattscheibe für die Kinder von vornherein kein fester Bestandteil des Alltags.

Ritual Familien-Filmeabend

Ab einem Alter von sieben bis acht Jahren ist ein Familien-Filmeabend ein schönes gemeinsames Ritual. Einmal im Monat am Wochenende oder in schulfreien Zeiten findet es mit einem kindertauglichen Film oder einer Show statt, die alle mögen. Kino-Knabbereien wie Popcorn, Chips, Pizza oder Rohkoststicks mit leckeren Dips für die, die es lieber gesund mögen, machen den Filmeabend zu einem besonderen Erlebnis. Als solches soll es auch genau ritualisiert werden: als gemeinsames Filmerlebnis für die ganze Familie. Am frühen Freitagabend machen es sich alle richtig bequem und kuscheln sich zusammen vors heimische Kino. Wenn ein passender Film zu unpassender Zeit läuft, nehmen Sie ihn auf und sehen ihn gemeinsam am Familienfernsehabend an. So wird der Film- und Fernsehhunger der Kinder regelmäßig, aber kontrolliert gestillt. Sie können den Filmeabend liebevoll einstimmen, indem Sie vorher mit den Jüngeren Kinokarten basteln, auf denen Filmtitel, Uhrzeit und Veranstaltungsort vermerkt sind. Das jüngste Kind darf kurz vor Beginn des Films den Abreißer spielen.

Ein gemeinsamer Familien-Filmeabend ist dabei auch die bessere Alternative zum richtigen Kino. Die emotionale Verarbeitung der überdimensionalen Figuren aus der Dunkelheit überfordern selbst ältere Kinder und führen bei manchen zu Heulattacken, Schlaf- oder Konzentrationsstörungen. Unter acht bis neun Jahren ist Kino noch nicht wirklich empfehlenswert, auch wenn Filme längst für viel jüngere Kinder freigegeben sind. Leihen Sie sich den Kinofilm lieber auf DVD aus und sehen Sie ihn mit den Kindern zu Hause an.

Bitte lachen!

Geben Sie lustigen und leichtverdaulichen Sendungen den Vorzug. Wer sich mit schweren, traurigen, kriminellen oder depressiven Geschichten belastet, hat mehr Angst und grübelt mehr. Kinder sollen lachen. Wenn Sie als Familie über die gleichen Dinge lachen können, ist das wunderbar und fördert die positive Stimmung. Für Groß und Klein ist es ein Genuss, zusammen zu lachen, loszuprusten und zu sehen, wie die Kleineren vor Vergnügen quietschen. Wenn sich alle königlich amüsieren, verfliegt auch der Ärger über die Arbeit, Schule oder andere Sorgen. Gönnen Sie sich ruhig öfter das Spaßritual vor dem Fernseher, denn gerade während der Pubertät sind Fernsehsendungen oft eine gute oder vielleicht sogar die einzige Möglichkeit, dieselbe Humorebene zu finden.

Ein Aufzeichnungsgerät lohnt sich, um gute Kindersendungen und Filme zu archivieren. Wenn gar nichts anderes mehr geht, schlechtes Wetter ist, ein paar Kinder vielleicht krank sind, die Stimmung auf dem Nullpunkt ist, dann kann ein lustiger Film zum richtigen Zeitpunkt die Laune wieder aufbessern. Wenn das Wetter gut ist und alle fit sind, können Sie trotz des Lieblingsfilms und ohne Diskussion das Haus verlassen, denn der Film wird ja aufgenommen.

Abendritual Sandmännchen

Das Sandmännchen zu gucken, kann natürlich auch zum Ritual werden. Wahrscheinlich war und ist es bei vielen Familien ein festes Abendritual. Die Sendung ist einerseits sehr kindlich aufgemacht und von kurzer Dauer, bedeutet aber auf der anderen Seite auch tägliches Fernsehen, was es den Kindern extrem schwer macht, einmal ohne auszukommen. Hinzukommt, dass die darauffolgende Sendung oft mit lautstarkem Gezeter eingefordert wird und der Abendverlauf sich an der Fernsehsendung »Sandmännchen« orientiert, was kreative Spielideen oder das Abendessen fast nebensächlich erscheinen lassen. Vor allem kleine Kinder sind nach dem kurzen Genuss der Sendung eher nervös und launisch, sei es nun, dass sie mehr sehen wollen oder dass die Sendung sie aufgewühlt hat. Hinzu kommt die Uhrzeit, zu der kleine Kinder grundsätzlich müde und erschöpft sind von den Eindrücken des Tages und die Sendung zusätzlichen Reiz bietet. Eine Alternative zum abendlichen Fernsehprogramm ist es, die Sendung aufzunehmen und nur an bestimmten Abenden zu zeigen, dafür aber beispielsweise zweimal hintereinander.

Wie Filme oder Sendungen überhaupt ins Abendprogramm eingebaut werden, hängt von vielen Faktoren ab, grundsätzlich erscheint es aber wichtig, die Abende nicht vom Fernsehprogramm bestimmen zu lassen. Fernsehen soll Randprogramm sein und kann durchaus zum regelmäßigen Ritual werden, auf das man sich freuen kann. Ein tägliches Ritual sollte jedoch aus der Interaktion zwischen den Menschen bestehen, das Miteinander fördern und keine bloße Berieselung in passiver Haltung darstellen.

Interessen wecken und Neugier ritualisieren

Das Beispiel ist einer der erfolgreichs-
ten Lehrer, obgleich es wortlos lehrt.

Samuel Smiles

Es gibt Kinder, die sich für alles interessieren und alles erlernen wollen. Ganz oft gibt es aber auch Fälle, in denen der
Nachwuchs aber so wirklich gar nichts unternehmen möchte.
Jeder Vorschlag wird mit einem entsetzten Kopfschütteln beantwortet, im besten Fall ernten die Eltern und Erzieher ein
gleichgültiges Achselzucken mit leerem Blick. Wie schafft
man es, bei seinen Kindern Interessen zu wecken und ihren
Geist für Neues zu öffnen?

Vorbildfunktion der Eltern

Am ehesten interessieren sich Kinder oft für Dinge, die ihnen
ihre Eltern vorleben. Wenn die Eltern den ganzen Sonntag vor
dem Fernseher verbringen, werden auch Kinder erst einmal
fernsehen wollen. Wenn die Eltern jedoch Schach spielen, werden Kinder dies auch versuchen wollen. Deshalb ist es für den
ersten Schritt wichtig, dass die Erwachsenen etwas tun, aktiv
sind. Kinder ziehen nicht immer nach und wollen dann auch
dauerhaft machen, was die Eltern für sich ritualisiert haben,
aber sie lernen etwas Neues kennen, erweitern ihren Horizont
ganz nebenbei und können sich entscheiden, ob es ihnen gefällt oder nicht. Wollen unmusikalische Eltern, dass ihre Kinder ein Instrument erlernen, ist der wirkungsvollste Weg,
selbst eines zu erlernen. Nur dann nimmt Ihr Kind Sie und
auch die Sache ernst. Außerdem wissen Sie dann sehr genau
aus Ihrer eigenen Erfahrung, wie frustrierend oder beglückend
es sein kann, wie sehr Fingerübungen langweilen können und
wie stolz einen das erste fehlerfrei gespielte Stück macht.

Neues ausprobieren

Die Gier nach Neuem oder die Freude, Neues zu entdecken, können Sie fördern, indem Sie bereits früh Ihre Sprösslinge in viele Ihrer Hobbys und Disziplinen mit einbeziehen. Ihre eigene Wissbegier und Freude an unerforschten Dingen kann auch die Kinder ermutigen, selbst Neuland zu betreten.

Wenn ein Kind bis zu seinem zehnten Lebensjahr nur in Kindergarten und Schule war, danach ferngesehen oder vielleicht noch am Computer gespielt hat, wird es sich unheimlich schwertun, einen Vereinssport zu betreiben oder plötzlich einen außerschulischen Kurs zu besuchen. Es wird Hemmungen haben, Neuland zu betreten, sodass Sie als Eltern vielleicht irgendwann resigniert aufgeben müssen. Durch unser unzulängliches Schulsystem und die von Erwachsenen dominierte Gesellschaft werden die Kinder zur Passivität erzogen, aus der sie dann mühsam wieder herausgeholt werden müssen. Wer im Elternhaus von vornherein individuell behandelt, motiviert und dabei nicht gedrängt wird, hat die Chance, seine Interessen und Neigungen zu erkennen und ihnen gezielt nachzugehen.

Das Elternhaus legt den Grundstein. Aber wie? Am besten, Sie nehmen sich Zeit, mit dem Kind Neues auszuprobieren. Die Eltern sitzen selbst nicht nur vor Computer und Fernseher, sondern sind selbst kreativ, sportlich und musisch interessiert. Die Eltern nehmen das Kind bei der Hand und suchen nicht nur für den Spross, sondern auch für sich selbst nach neuen Ausdrucksformen wie Malen, Schreiben, Tanzen, Kochen und anderem. Das Kind wächst in einem solchen Umfeld innerlich mit und an Ihnen und wird sich unvermeidlich einen seinen Interessen und Talenten entsprechenden Zweig des Lebens erschließen. Nehmen Sie sich innerhalb eines festen Rituals einmal in der Woche Zeit, um gemeinsam Neues auszuprobieren, zu forschen und zu spielen.

Zeit für Handarbeiten

Gehen Sie mit neuen Einfällen Ihrer Kinder stets aufgeschlossen um und versuchen Sie diese wenn möglich umzusetzen. Viele Kinder haben plötzlich die Idee, etwas nähen oder selbst herstellen zu wollen. Greifen Sie diese Gedanken auf und probieren Sie es gemeinsam aus. Kaufen Sie zusammen die notwendigen Utensilien und setzen Sie sich mit Ihrem Sprössling danach in Ruhe in die Bastelecke oder den Hobbyraum, um zu werkeln. Damit kein Tagesritual daraus wird, suchen Sie sich eine einzige Sache aus, die Sie zusammen machen wollen. Wenn es sehr viel Zeit in Anspruch nehmen sollte, kann die ganze Familie dazukommen und mitmachen. Arbeit mit den Händen beruhigt die Seele von Kindern und Erwachsenen und macht froh, wenn das Projekt durch die eigene Hand Gestalt annimmt. Auf das fertige Werk zum Anfassen wird der Künstler stolz sein. Die handwerklichen Möglichkeiten sind unbegrenzt: Nähen, Filzen, Stricken, Sticken, Töpfern, Malen, Kneten, Basteln, Feilen, Schnitzen usw.

Sie können grundsätzlich den Samstagnachmittag für solche Bastelaktivitäten vorbestimmen. So werden Kinder für ihre Geduld beim Großeinkauf oder Baumarktbesuch am Samstagmorgen belohnt, indem sie das Gekaufte gleich nutzen und Zeit mit Ihnen verbringen können.

Das musikalische Schnupperritual

Viele Musikschulen bieten Schnupper- und Probetage an. Ein- bis zweimal im Jahr können dort interessierte und unschlüssige Kinder sowie Erwachsene Instrumente testen. Sollte Ihr Kind keine Lust haben oder sich nicht trauen, ein Instrument auszuprobieren, setzen Sie sich einfach dazu und hören Sie den anderen zu. Erzwingen Sie es nicht, sondern probieren Sie lieber selbst eines aus. Fragen Sie andere Kinder aus der Klasse, ob Sie mit hingehen. Das erleichtert manches.

Kreieren Sie Ihr eigenes Testritual. Sie können alle zwei bis drei Monate Instrumente ausleihen und ausprobieren. Vor allem an verregneten Wochenenden ist das ein fantastisches Ritual. Noch besser eignet sich ein Musiker, der viele Instrumente besitzt, zu dem Sie in regelmäßigen Abständen gehen können. So kann sich jeder an einem Instrument versuchen und erhält professionelle Anleitungen. Alle können verschiedene Instrumente ausprobieren, ohne perfekt sein zu wollen. So ist es möglich, das Instrument zu finden, das wirklich passt.

Gemeinsam philosophieren – Dialogrituale

Es ist wichtig, dass die Eltern auf die Fragen ihres Nachwuchses eingehen. So behält ein Kind sein natürliches Interesse und den Ansporn, sein Umfeld, die Welt und sich selbst zu verstehen. Beantworten Sie Fragen jedoch nicht gleich, sondern stellen Sie zunächst eine Gegenfrage, was denn Ihr Kind meint, was die Antwort sei. Ritualisieren Sie den Dialog, sodass Ihr Kind selbst Antworten erarbeiten und finden kann. So wird Ihr Kind zum Weiterfragen animiert und gewinnt mehr und mehr Selbstbewusstsein, Neues zu entdecken.

Holen Sie dabei Ihr Kind dort ab, wo es sich befindet. Knüpfen Sie an das vorhandene Wissen Ihres Kindes an und leiten Sie es beim Nachdenken in die richtige Richtung. Lassen Sie es den Weg des Erkennens selber gehen und stellen Sie die Fragen, die das Kind zur Lösung braucht. Lösungen, die wir selbst gefunden haben, erfüllen uns mit Stolz und werden auch so schnell nicht wieder vergessen. Wenn die Kinder älter sind, können sie manches auch im eigenen Schülerlexikon nachlesen. Das ersetzt jedoch nie Gesprächsrituale mit den Eltern, weil die Kinder nur durch das gemeinsame Philosophieren erkennen, dass es spannend ist, neue Bereiche zu entdecken und zu ergründen.

Lassen Sie sich auf die Welt Ihres Kindes ein. Egal wie alt

Ihr Kind ist, versuchen Sie mit ihm auf die Art und Weise Antworten zu finden, die es verstehen kann. Wenn ein Kind seinem Kuscheltier lieber zuhört als Ihnen, dann sprechen Sie durch den Teddy Ihres Kindes.

Auch für die Sprachentwicklung ist es wichtig, im Dialog zu bleiben. Kinder, die sich schon früh mit ihrer Umwelt kommunikativ auseinandersetzen, werden selbstständiger, unabhängiger und können sich früher auch sehr gut alleine beschäftigen.

Das Kind lernt, aktiver Gesprächsteilnehmer zu sein und zu seinem Gegenüber eine eigenständige Beziehung aufzunehmen.

Paarrituale für die Eltern

Viele suchen das Glück,
wie sie einen Hut suchen,
den sie auf dem Kopf tragen.

Nikolaus Lenau

Zurück zur Verliebtheit

Nach der anfänglichen Phase der Verliebtheit sind manche oft
auch ein bisschen froh, wenn die Zeit des Werbens, Hoffens
und Bangens einer entspannteren, weniger aufregenden Beziehung weicht. Dass Körper und Seele sich vom Positiv-Dau-
erstress »Verlieben« erholen, ist völlig in Ordnung, dass die
Erholung zum Dauerzustand wird, ist jedoch weniger wünschenswert.

Wer schon zwanzig Jahre mit demselben Partner zusammen ist, hat vielleicht manchmal das Gefühl, etwas zu verpas-
sen. Da draußen gibt es so viele attraktive Menschen, die vielleicht witziger, zärtlicher und liebevoller sind. Gegebenenfalls
verbringt man sein Leben mit dem oder der Falschen oder hat
das Gefühl, sein Leben zu verschwenden. Es kann sein, dass
ein Hauch dieser Ahnung nur kurz beim Einschlafen oder
morgens im Halbschlaf kurz vor dem Aufwachen in unserem
Bewusstsein aufflackert.

Auch zufriedene Paare fühlen Zweifel. Sie sind nicht fass-
bar und oft auch nicht erklärbar, aber definitiv vorhanden
und damit eine Gefahr für die Partnerschaft. Solche Krisen
können oft dann eintreten, wenn man die Anfänge der Bezie-

hung überstanden hat und auch die Kinder schon etwas größer sind, man sich also in der Mitte des Lebens befindet.

Manche interpretieren diese durchaus unangenehmen Ge-
fühlszustände als Aus für die Beziehung und machen sich auf
die Suche nach einem Neu-Anfang mit einem anderen Partner. Das ist aber in den meisten Fällen gar nicht notwendig,
denn Neu-Anfänge kann es auch in einer reifen Beziehung immer wieder geben.

Wie nehmen wir vom Alten Abschied und dürfen doch hoffen, dass das Wesentliche im Neuen nicht verloren geht?
Wenn Ihre Kinder schon selbstständiger sind, knüpfen Sie an
alte Träume an, deren Verwirklichung vorübergehend nicht
möglich war, weil die Kinder Ihre ganze Aufmerksamkeit be-
nötigten. Fassen Sie gemeinsam neue Ziele ins Auge: Vielleicht steht ein Umzug an, eine neue Wohnung oder die Reno-
vierung des Hauses, eventuell kann der kleinkindgerechte
Garten einem verwunschenen Rosengarten weichen. Sechs
Wochen Australien standen schon immer auf Ihrer Wunschliste ganz oben. Eine berufliche Zusammenlegung der Partner
oder neue erfrischende Rituale im Alltag können das graue
Empfinden in strahlendes Gelb verwandeln. Verändern Sie
die geschaffenen Familienstrukturen so, dass Ihre Partnerschaft wieder mehr im Mittelpunkt steht. Das könnte erreicht
werden durch neue Tagesabläufe, neue Hobbys, mehr Freiraum für das Paar und eine Wochenendgestaltung, die wieder
unabhängiger von den Kindern geplant werden kann, da
diese immer mehr ihre eigenen Wege gehen.

Passen Sie Ihr Leben als Paar immer wieder solchen neuen
Gegebenheiten an. In einer Familie ist das Tempo der Veränderungen rasant. Wenn Sie in der Beziehung aktiv sind, Ihre
Wünsche besprechen und immer wieder Neues planen, ver-
passen Sie den Anschluss an den ganz speziellen Zeitgeist Ihrer Partnerschaft nicht. Der positive Nebeneffekt ist, dass bei
einem aktiven Leben und Planen mürbe Gefühle aus dem Unterbewusstsein keinen Platz mehr haben. Setzen Sie neue Im-

pulse in Ihrer Beziehung und intensivieren Sie Ihr Zusammenleben. Dabei können Ihnen verschiedenste Paarrituale eine
Stütze sein.

Die Seele über den Körper berühren – Rituale der Nähe

Manchmal hat man sich in der Hektik der Jahre, als die Kinder klein waren, der Kredit abbezahlt werden musste und der
Spagat zwischen Beruf und Familie kaum zu schaffen war, von-
einander entfernt. Man ist sich im Alltag vertraut, ein einge-
spieltes Team – und dennoch irgendwo fremd. Die Liebesbeziehung hat gelitten unter der mangelnden Intimität und Nähe.
Das ist ganz normal und muss nichts Schlechtes bedeuten.

Doch wie sich wieder annähern, wieder Zärtlichkeiten
austauschen? Wenn die Berührungen über den Alltag vergessen wurden, eingeschlafen oder ganz bewusst unterbunden
worden sind, sei es aus Stress oder aus Wut und Verletztheit,
so ist es oft schwer, gegenseitige Nähe wieder zuzulassen und
zu genießen. Vielleicht schafft es der Körper ja, die Seele zu
heilen und mit dem Liebsten zu versöhnen, wenn einem der
Stress im Alltag wieder einen Strich durch zärtliche Gedanken
macht.

Stellen Sie zwei Stühle einander gegenüber. Beide Partner
setzen sich darauf, so dass sich ihre Knie berühren, sie sehen
sich an, fassen sich an den Händen und sagen nacheinander:

Ich liebe dich, weil …
Ich mag dich, weil …

Wenn diese Übung Sie überfordert, versuchen Sie zunächst
die einfachere Variante:

Stellen Sie zwei Hocker direkt aneinander. Legen Sie eine
CD mit Musik, die Sie beide verbindet, ein, setzen Sie sich
Rücken an Rücken, schließen die Augen und lehnen sich
leicht aneinander. So spüren Sie Ihre Körper wieder.

Gesten der Entzerrung

Sie haben ein Problem, kommen aber nicht ins Gespräch, weil der andere den Konflikt vermeidet und Ihre Unzufriedenheit ignoriert? Wenn einer von Ihnen nicht bereit ist, zu kommunizieren, oder nicht mal annähernd den Anschein macht, Kontakt aufzubauen, außerdem den anderen ignorierend in ein Buch oder den Bildschirm starrt, keine Spur von Wärme und Nähe versprüht, dann sagen Sie zum Beispiel:

»Mir fehlt Nähe. Ich bin nicht zufrieden. Fehlt dir auch etwas?«

»Nein, mir geht es gut« (ist da nicht selten die Antwort)

»Dann bin nur ich unzufrieden. Dann gehe ich jetzt und tue etwas für mich. Vielleicht schaffe ich es ja, dass ich wieder zufrieden werde.«

Solch ein Dialog ist ein Beispiel für eine Entzerrung. Würde einer den anderen belagern und mit Vorwürfen belegen, würde es im Streit enden. So sagt der eine klar und deutlich, was los ist, und der andere wird trotzdem in Ruhe gelassen und hat Zeit nachzudenken. So geben Sie dem anderen den nötigen Freiraum und ermöglichen sich einen Moment, um sich auf sich selbst zu besinnen und Zufriedenheit zu finden – wenn auch vorläufig ohne den Partner. Dieser hat nun die Möglichkeit, aus seiner Ecke zu kriechen und sich doch neugierig Ihrer Welt anzuschließen oder eben einfach noch eine Zeit lang in seiner Welt zu bleiben.

Gesten der Entzerrung bedeuten auch, einer negativen Situation etwas Gutes abzugewinnen und nicht ständig dem Partner damit in den Ohren zu liegen, wenn er es ohnehin nicht ändern kann: Auch wenn Sie etwa durch Beruf oder andere Umstände räumlich getrennt werden, versuchen Sie das Positive darin zu sehen. Sehen Sie es als Chance, sich nach längerer Trennung neu zu begegnen und die seltenen Momente zu zweit besonders liebevoll und intensiv zu gestalten. Lassen Sie sich inspirieren von neuen Seiten, die sich an Ihnen und Ihrem Partner entwickeln. Gehen Sie wieder spielerisch und unvoreingenommen an die Liebe heran und lösen Sie sich von den eingefahrenen Strukturen, die vorher zum täglichen Leben gehörten.

Kleine Wünsche erfüllen

Um die sich verändernden Bedürfnisse und Wünsche des Partners im Laufe der Zeit zu erkennen, eignet sich eine geschenkte halbe Stunde jeden zweiten Tag oder, wenn die Kinder noch klein sind, einmal pro Woche. Jeder schenkt dem anderen abwechselnd eine halbe Stunde täglich, in der er für den anderen da ist und genau das macht, was dieser sich wünscht und worüber er sich freuen würde. So erfährt jeder bald, was wirklich wichtig ist für den anderen. Außerdem bekommen die Partner regelmäßig das vom Partner, was sie sich von ihm oder ihr gewünscht haben. Das kann Händchenhalten sein, eine Nackenmassage, eine vorgelesene Geschichte, ein Spiel etc. Das Ritual dient ausschließlich der Zusammenführung als Paar in seelischer, geistiger und körperlicher Form und sollte nicht für Alltagspflichten, wie Müll runterbringen oder andere Hilfsdienste, missbraucht werden.

Romantisches Doppelleben – Liebesbriefrituale

Immer in der ersten Woche des neuen Monats schreiben Sie sich gegenseitig einen Liebesbrief oder eine Liebes-Email. Mit diesen Briefen oder Emails leben Sie die Zärtlichkeit und das spannende Kribbeln aus, die man sich vielleicht insgeheim von einem Seitensprung versprechen würde. Schreiben Sie sich nette, liebevolle und verführerische Dinge. Sprechen Sie nicht über dieses anderes Leben zu zweit, damit es spannend bleibt und nicht zerredet wird. Ihr Liebesdoppelleben soll schließlich nicht die sinnliche Aufregung verlieren. So können Sie parallel zu Ihren täglichen Pflichten und Ihrer Elternrolle auch die wichtige Seite der Liebesschwüre und Zärtlichkeiten auf einer anderen Ebene erleben, ohne dass ein Bereich in den anderen übergeht. In den Briefen kommt kein Alltag vor, sondern nur Sie als Liebespaar. Umgekehrt sollte Ihr Alltag natürlich trotzdem von liebevollem Miteinander geprägt sein, das durch Ihr Doppelleben neu angefacht wird.

Dieses Ritual, dass Sie, so oft Sie wollen, romantisch oder intim variieren können, ist für Eltern gedacht und gemacht, die ihre Liebe so selbst über heftige Krisen hinwegretten und wieder Schmetterlingsgefühle in den Bauch zaubern wollen.

Zweisamkeit ohne Reue

> Die Vernunft ist des Herzens größte
> Feindin.
>
> *Casanova*

Kein Geld, ein schlechtes Gewissen, zu viel zu tun ... Es gibt viele Gründe, sich selbst und die Partnerschaft zurückzustellen, anstatt sich gelegentlich frei zu nehmen und allein mit dem Partner loszuziehen. Tun Sie es trotzdem! Wer sich ständig um Windeln, Geschwisterzwist und Hausaufgaben kümmert, braucht dringend eine Pause, um sich auf dem Erwachsenenspielplatz auszutoben. Sich und den Partner in der Zweiergemeinschaft spüren, ausschließlich den Partner sehen, ohne kindliche Warum-Fragen nebenbei beantworten zu müssen, ist für eine gesunde Paarentwicklung von großer Bedeutung. Wer sich in der Beziehung wieder wahrnimmt, verjüngt sich innerlich und kann danach auch pubertierende Heranwachsende und deren Sehnsüchte besser verstehen.

Sport im Duett

Ein Abend im Monat, besser einer in der Woche, sollte regelmäßig nur Ihnen gehören. An diesem Abend besuchen Sie einen Tanzkurs, gehen zusammen schwimmen, in die Sauna oder sind anderweitig körperlich aktiv. Kreieren Sie sich Ihren sportlichen Pärchenabend. Nehmen Sie immer den gleichen Wochentag oder vielleicht den Dritten des Monats, weil Sie sich an einem Dritten zum ersten Mal gesehen haben und er für Ihre Paarbeziehung bereits von Bedeutung ist.

Paare, die sich gemeinsam sportlich austoben, stehen sich laut Statistik näher, vor allem natürlich auch körperlich. Sportarten, bei denen der Körperkontakt im Vordergrund steht, erleichtern die Annäherung und beflügeln die Sehnsucht und die Fantasie.

Sie müssen nicht jede Trendsportart mitmachen. Radeln Sie einfach mal wieder ein paar Kilometer. Eine gemeinsame Richtung wirkt sich oft auch auf das Liebesleben positiv aus. Sie können auch nach Feierabend oder an einem kinderfreien Tag im Schwimmbad nach Glückssteinchen tauchen. Sammeln Sie Steinchen und ordnen Sie den Steinen bestimmte Funktionen zu. Das rosa Steinchen bedeutet, dass es heute noch eine Spezialkuscheleinlage gibt, der weiße Stein, dass morgen endlich mal wieder die fast verstaubten Dessous unter die Geschäftskleidung angezogen werden. Wer aber den grauen Stein zuerst in der Hand hält, muss das Auto waschen. Nachdem die Steine ins Becken geworfen wurden, tauchen Sie abwechselnd oder gleichzeitig danach und sehen dann sofort, wer welche sexy oder weniger sexy Aufgabe in naher Zukunft erfüllt.

Zum sportlichen Hobby gehört auf jeden Fall, die eigenen vier Wände zu verlassen. Ob Hallen- oder Freilufttraining, wenn Sie als Paar gemeinsam fit werden wollen, eignen sich manche Sportarten sehr gut wie Inlineskaten, Joggen, Nordic Walking, Klettern, Skifahren, Snowboardfahren, Schwimmen, Badminton, Walking, Segeln, Golf, Langlauf, Tischtennis etc. Diese Sportarten machen zu zweit Spaß und sind kräftemäßig für Frau und Mann in etwa gleichwertig. Wenn Sie ein Hobby zusammen ausüben, achten Sie darauf, dass Sie ungefähr das gleiche Niveau haben. Nichts ist unerotischer als eine Lehrer-Schüler-Konstellation in einer langjährigen Paarbeziehung.

Beim Sport und beim Schwitzen zeigt sich, wer sich wirklich riechen kann. Der positive Nebeneffekt der Bewegung ist, dass der Körper, erst einmal in Wallung gekommen, auch in sexueller Hinsicht lustvoller gestimmt ist. Den Partner einmal in anderen Positionen als in der Liegestellung auf dem Sofa oder im Anzug vor dem Computer zu sehen, kann oft allein schon anregend wirken! So bekommen Sie einander nicht nur in Ihren Familienrollen zu Gesicht, sondern nehmen einander wieder als aktive, vitale Menschen wahr.

Zärtlichkeitsrituale

Küssen Sie sich regelmäßig oder nur zu Silvester? Damit die Küsse und Liebkosungen in Ihrem Paaralltag nicht einschlafen, ritualisieren Sie die Küsse am Morgen, zur Begrüßung, zur Verabschiedung und vor dem Schlafengehen, es sei denn, es besteht eine besondere Ansteckungsgefahr. Welchen Grund sollte es sonst geben, sich nicht zu jeder guten Gelegenheit zu herzen? Achten Sie dabei darauf, sich dabei auch wieder in die Augen zu sehen. Zu oft werden automatisierte Küsse dem anderen »aufgedrückt«, die sich so in ihrer Bedeutung abnutzen können. Küssen Sie Ihren Partner bewusst und liebevoll.

Der Zeitfaktor spielt dabei keine Rolle. Kleine Gesten, zarte Berührungen und liebevolle Blicke sind auch in einer Großfamilie nicht nur möglich, sondern eine tägliche Notwendigkeit. Achten Sie wieder bewusst darauf: Berühren Sie sich tagsüber wie rein zufällig, so wie das frisch Verliebte tun? Schauen Sie sich an, wenn Sie miteinander reden? Lächeln Sie sich an?

Wenn nicht, dann setzen Sie ganz bewusst wieder den Impuls dazu. Sie werden die positive Überraschung des anderen merken, der schnell diese kleinen Zärtlichkeiten selbst wieder ins Repertoire aufnehmen wird.

Ritual der gestohlenen Stunden

Nehmen Sie, stehlen Sie sich die Zeit für ein erfülltes Liebesleben inmitten des hektischen Alltags. Verabreden Sie sich zu einer Zeit, in der alle Kinder versorgt oder betreut sind, in einer kleinen Hütte, auf einer Decke an den Waldrand oder einfach gemütlich zu Hause im Bett. Nehmen Sie sich nichts vor.

Sie räumen weder zu Hause auf noch gehen Sie einkaufen, sondern geben sich nur der Lust hin. Diese gestohlenen Stunden dienen ausschließlich der Sinnlichkeit und Leidenschaft, gerade das macht ihren Reiz aus.

Massageritual

Wenn Sie einmal das Haus für sich haben oder die Kinder schon schlafen, dann verwöhnen Sie sich gegenseitig mit einer Vollkörpermassage. Heizen Sie in einem Zimmer, in dem Sie ungestört sind, gut ein, so dass Sie nackt sein können, ohne zu frösteln. Nun massiert einer der Partner den anderen mit einem entspannenden oder sinnlich duftenden Öl bei gedämpftem Licht und leiser Musik. Dieser Klassiker unter den »Liebesdiensten« ist nicht ohne Grund so beliebt. Zum einen zeigt er die selbstlose Hingabe und Liebe desjenigen, der den anderen verwöhnt. Der eine darf sich einmal völlig fallen lassen und unter den Händen des anderen entspannen. Er zeigt dadurch sein blindes Vertrauen und darf sich neben dem körperlichen Wohlgefühl geliebt und umsorgt fühlen. Wechseln Sie sich dabei ab und schenken Sie sich gegenseitig nach einer schweren Woche oder einem tollen Erfolg dieses Ritual.

Rendezvous-Ritual

Ritualisieren Sie es, die Spannung in Ihrer Beziehung durch regelmäßige Rendezvous am Leben zu erhalten. So bekommen Sie die Gelegenheit, mal wieder auszugehen und einander nicht nur in der Rolle von Mama und Papa wahrzunehmen.

Wenn Sie zum ersten Mal wieder alleine ausgehen, ist das, als ob Sie das erste Mal alleine in eine Diskothek dürften. Sie fühlen sich wie 17, und das ist gut so. Machen Sie sich schön füreinander, so wie beim ersten Date. Damit unterstreichen Sie den besonderen, schönen Anlass. So fühlen Sie sich schön und attraktiv und können sich über die bewundernden Blicke des Partners freuen. Erfüllen Sie sich an solchen Abenden gegenseitige Wünsche. Wenn Sie wissen, dass Ihr Partner oder Ihre Partnerin mal wieder ein Konzert besuchen will, besorgen Sie die Karten, buchen den Babysitter und überraschen Sie ihn oder sie.

Nutzen Sie diese gemeinsame Zeit für sich und reden Sie nicht über die Schulprobleme Ihrer Kinder. Die bestehen noch länger, aber die Auszeit zu zweit ist nur von begrenzter Dauer. Deshalb sollten Sie dieses Ritual mindestens alle zwei Monate pflegen. Sie können das auch ganz formell gestalten, indem Sie den anderen schriftlich um das Date bitten oder ihm eine kleine Einladung schicken. Das erhöht den Reiz ungemein und macht das Ritual immer wieder zu einem besonderen Anlass.

Solche gemeinsamen Dates als Liebespaar geben Ihrer Beziehung die Kraft, die ihr im Alltag genommen wird. Die abgenutzten Stellen Ihrer Partnerschaft werden aufpoliert und fangen an zu glänzen. Leuchtende Augen, Kribbeln im Bauch, Vorfreude auf das nächste und die Erinnerung an das letzte Rendezvous tragen Sie so durch den Alltag. In regelmäßigen Abständen müssen wir uns diese Gefühle aus der Versenkung zaubern, damit wir wieder inspiriert durch den Tag gehen.

Symbolische Orte und Ruheinseln

Machen Sie gelegentlich einen romantischen Ausflug an einen Ort, der für Ihre Beziehung eine besondere Bedeutung hat. Dorthin, wo Sie sich zum ersten Mal gesehen oder kennengelernt, sich zum ersten Mal geküsst, sich verlobt oder geheiratet haben.

Suchen Sie die Orte auf, die für Sie untrennbar mit Ihrem gemeinsamen Leben verbunden sind und an die Sie sich gerne erinnern. Vielleicht erinnern Sie sich auch noch an eine Situation ganz zu Beginn Ihrer Beziehung, in der Sie sich fast geküsst haben, aber dann doch nicht trauten. Gehen Sie nochmals dorthin, inszenieren Sie die damalige Situation und holen den Kuss einfach nach.

Gehen Sie auch gemeinsam an Orte, die für Sie beide Urkraft und Ruhe bedeuten. Das kann ein Ort am Fluss sein, wo nur das Rauschen des Wassers zu hören ist, im Wald, wo Sie nur die Bewegungen des Laubs wahrnehmen oder auf dem freien Feld, wo nur der Wind zu spüren ist. Sprechen Sie nichts und geben Sie sich den Geräuschen der Natur hin. Schweigen Sie einmal gemeinsam. Das kann manchmal mehr Liebe und Vertrauen zum Ausdruck bringen als das tiefgründigste Gespräch. Wenn Sie an der Küste wohnen, fahren Sie ans Meer, machen Sie Spaziergänge durch die Dünen oder setzen Sie sich einfach nur ans Ufer und sehen den Wellen zu, die kommen und gehen. Oder betrachten Sie von einem Aussichtspunkt die Landschaft, die Berge und die untergehende Sonne. Gleichen Sie Ihren Rhythmus dem der Natur an und nehmen Sie sich beide als Teil dieser kraftvollen Schöpfung wahr. Jeder Baum und jeder Strauch kitzelt die Gedanken, inspiriert zu neuen Taten, ist Entscheidungshilfe und lässt neue Ziele entstehen. Die einfachsten Dinge bleiben oft länger im Gedächtnis als die großen Ereignisse, die leider schon häufig allein durch die hohe Erwartungshaltung zerstört werden können.

Schlafrituale

Genießen Sie die Zeit zu zweit vor dem Schlafen. Lesen Sie zusammen ein Buch oder erzählen sich etwas Schönes und kuscheln sich aneinander, nehmen sich an den Händen und entschwinden dann langsam in die nächtliche Traumwelt. Umarmen Sie sich. Ein schönes Ritual, um den anderen vor dem Lärm der Welt zu beschützen, ist, die Hand sanft auf seinem Ohr ruhen zu lassen. Das beruhigt und schenkt Geborgenheit. Wenn Sie gestritten haben, ringen Sie sich trotzdem zu einer Umarmung und versöhnlichen Worten durch. Das Schlafzimmer soll ein Ort der Liebe, der Zuflucht und Geborgenheit sein und eignet sich nicht zum Kampfplatz. Es ist nie gut, in Streit und Wut nebeneinander einzuschlafen, denn so, wie der Tag aufhört, beginnt der nächste meist auch.

Jahrestage feiern

Planen Sie die Jahrestage Ihrer Beziehung gemeinsam? Das kann unter Umständen außerordentlich unromantisch sein. Überlassen Sie sich lieber abwechselnd die Organisation des Jahrestages und sorgen Sie dann im Wechsel gegenseitig für eine hoffentlich gelungene Überraschung. Wenn die Idee und Umsetzung in einer Hand bleibt, verspricht das oft mehr Spannung und Romantik, als wenn beide Partner sich krampfhaft überlegen, wie sie ihren Jahrestag diesmal feiern sollen.

Egal, was Sie an Ihrem Jahrestag unternehmen, nehmen Sie sich die Zeit, Ihre Beziehung ein bisschen Revue passieren zu lassen. Sprechen Sie von dem Tag, als Sie sich kennenlernten oder auch von den letzten Wochen. Wälzen Sie keine Beziehungsprobleme, sondern sagen Sie sich, was Ihnen am letzten Jahr gefallen hat. Sagen Sie sich ruhig, dass Sie einander gefehlt haben, aber entzerren Sie auch hier. Es soll an so einem Tag nicht um Schuldzuweisungen gehen, sondern darum, zum Ausdruck zu bringen, dass man die Nähe des anderen sucht und vielleicht manchmal vermisst hat.

Machen Sie sich ganz bewusste Liebeserklärungen und blicken Sie einander dabei direkt in die Augen. Direkter Augenkontakt kann unheimlich intensiv wirken in solchen Momenten. Das kann für manch einen ganz schön schwierig sein. Doch umso schöner ist es, wenn Sie dieselben Gefühle in den Augen Ihres Partners sehen können.

Botschaften der Liebe

US-Forschungen haben ergeben, dass ungefähr fünf positive Aussagen nötig sind, um eine negative auszugleichen. Achten Sie daher darauf, sich regelmäßig schöne Dinge zu sagen,

Wertschätzung zum Ausdruck zu bringen, auch wenn Sie denken, der Partner weiß das längst. Man kann einem Menschen nie zu viel Gutes sagen oder ihn zu oft loben. Ein Zettelchen unterm Kopfkissen, ein Gruß an der Windschutzscheibe, eine nette SMS zwischendurch wie in den ersten verliebten Tagen sind solche kleinen Rituale, die wichtig sind, um in zärtlichem und aufmerksamem Kontakt zu bleiben. Auf diese Art schaffen Sie sich ein Guthaben an positiven Gefühlen in Ihrer Partnerschaft, die in der Masse die Beziehung ungemein stärken.

Auch körperliche Vertrautheit gehört dazu. Suchen Sie immer mal wieder die Hand des anderen, streichen Sie sich über den Rücken, massieren Sie während des Fernsehens die Füße des anderen. Diese kleinen ritualisierten Gesten geben Halt, Geborgenheit und lösen das wichtige wohltuende Gefühl der Zufriedenheit und des Glücks aus. Wenn Sie sich klarmachen, wie grundlegend wichtig das ist, kann es so einfach sein, Liebe zu schenken und den anderen zu verwöhnen und damit eine Basis für eine erfüllte Liebesbeziehung zu schaffen.

Raus aus der Beziehungskrise –
Konfrontationsrituale

> Durchschneide nicht, was Du lösen
> kannst.
>
> *Joseph Joubert*

Sie leben zusammen oder führen zumindest offiziell eine Beziehung, nur leider fühlen Sie sich nicht mehr geliebt? Was ist das nun? Den Partner oder die Partnerin scheint es nicht einmal zu stören oder trügt der Schein? Sie sind verwirrt, haben Angst nachzufragen, weil es vielleicht auch ein Aus der Beziehung bedeuten könnte? Wissen Sie selbst nicht mehr, ob Sie sich nun noch lieben und was Sie eigentlich noch zusammenhält?

Wenn sich eine Beziehung schon lange nicht mehr nach Liebe anfühlt, geht es meist beiden dabei nicht gut. Äußerst selten ist das eine einseitige Empfindung. Man wartet auf ein Zeichen des anderen. Eine Woche, einen Monat, selbst Jahre verbringen manche in diesem unbefriedigenden Zustand der Schwebe.

Beziehungsfrust wird dabei oft durch viel Liebe und Fürsorge für die Kinder kompensiert. Liebe erfahren die Eltern von den Kindern, deshalb sind sie vorübergehend nicht ganz so bedürftig wie Paare ohne Kinder. Je älter die Kinder dann werden, desto mehr fällt auf, dass doch etwas Entscheidendes fehlt. Manch ein Elternteil sieht dann neidisch dem anderen zu, wie er das Kind küsst und zärtlich begrüßt, und wünscht sich, selbst einmal wieder so liebevoll vom Partner behandelt zu werden. Es gibt sicher Fälle, in denen sich ein Elternteil ganz bewusst liebevoll um das Kind kümmert, um dem anderen die eigenen Prioritäten unter die Nase zu reiben. Das provoziert beim Gegenüber oft ein ähnliches Verhalten, sodass die Kinder im Mittelpunkt der Liebe stehen und übertrieben geknuddelt und hofiert werden.

Wir haben ein Problem

Ihre Beziehung befindet sich in einer Krise und es kann nicht mehr so weitergehen? Werden Sie sich selbst erst einmal ganz klar darüber, was Sie selbst möchten, bevor Sie das Gespräch mit dem Partner suchen. Wollen Sie wieder eine glückliche Beziehung führen und lieben Sie Ihren Partner noch? Wie würden Sie sich fühlen, wenn Sie sich jetzt trennen würden? Jeder von Ihnen sollte diese Fragen für sich selbst beantwortet haben, bevor Sie sich zu einem klärenden Gespräch entschließen. Zur Beruhigung sei gesagt, dass viele Paare, die sich einmal sehr geliebt haben, auch nach Frust und Enttäuschung noch so viel Gefühle füreinander übrig haben, dass Sie sich nochmals mit Lust in die langjährige Beziehung stürzen wollen. Der erste Schritt ist nur unendlich schwer, nämlich wenn es heißt, Farbe zu bekennen. Die Angst vor Enttäuschung und Ablehnung lähmt die meisten.

Vor der Aussprache sollte klar sein, dass beide sich aussprechen wollen und dass dies zu einem dafür vorgesehenen Zeitpunkt geschehen soll. Überrumpeln Sie den anderen nicht und vermeiden Sie eine Aussprache, wenn Sie beide gereizt sind oder gerade gestritten haben. Planen Sie die Aussprache. Lassen Sie sich einen Vorlauf von ein paar Tagen, damit sich die Gemüter darauf einstellen können. Oft verhilft die Aussicht auf eine Klärung schon zu einem vorsichtigeren und aufmerksameren Umgang miteinander.

Mauern aus Wut einreißen – ein Herzöffner-Ritual

Wenn Sie sich vor dem Gespräch schon so emotional überladen fühlen, dass Sie gar nicht sicher sind, ob Sie das Gespräch ruhig und vernünftig führen können, bieten sich auch hier Rituale und feste Strukturen an, an denen Sie sich festhalten können. Wenn Ihr Herz so voller Zorn und Schmerz ist, wirkt das wie eine Barriere. Es geht nur noch darum, seinen Standpunkt durchzusetzen, recht zu haben und zu gewinnen. Versuchen daher noch vor Ihrem Krisengespräch, Ihr Herz in einem kleinen Ritual von seiner dunklen Last zu befreien und es wieder zu öffnen für Versöhnung, Verständnis und Vertrauen.

Schreiben Sie in einem ersten Schritt Ihrem Partner einen langen Brief mit allem, was Ihnen auf dem Herzen liegt. Hier dürfen Sie mal Ihre Vorwürfe und Ihren Frust abladen. Schreiben Sie ruhig einige böse und zynische Bemerkungen, die Ihnen schon lange auf der Zunge liegen. Besser Sie lassen sie jetzt heraus, als dass Sie Ihnen im Gespräch in der Hitze des Gefechts herausrutschen. Schreiben Sie sich alles von der Seele, Sie werden sehen: Einige Passagen werden kaum lesbar in großer Wut hingekritzelt sein, andere wieder ordentlich und mit Bedacht formuliert. Dieser Frustbrief wird die Entwicklung widerspiegeln, die Sie durchlaufen, während Sie ihn schreiben und alle Verletzungen und Enttäuschungen noch einmal durchleben. Sie werden sehen, wenn Sie fertig sind, klopft Ihr Herz schneller von den hervorgeholten Gefühlen, aber Sie können plötzlich auch freier atmen. Sie werden sich besser fühlen, und die in großer Wut aus Ihnen heraussprudelnden Gedanken und Argumente werden nun geordneter vor Ihnen liegen. Meist erkennt man auch am Ende des Briefes, dass die versöhnlichen und hoffnungsvolleren Gedanken, die zuvor unter den Gewitterwolken der Krise kaum mehr wahrnehmbar waren, wieder durchschimmern.

Legen Sie den Brief dann zur Seite und versuchen Sie, sich den restlichen Tag nicht mehr mit dem Thema zu befassen. Sehen Sie diesen Brief als einen Dorn, den Sie sich aus dem Herzen gezogen haben und von dem Sie nun befreit eine Zeit der Heilung erleben dürfen. Ihr Herz und Ihr Geist sehen jetzt wieder klarer, der mitgeschleppte Ballast wurde abgeworfen und Sie sind offener, die Probleme in Ruhe konstruktiv anzugehen.

Schreiben Sie sich dann für das Krisengespräch noch einmal denselben Brief, nur diesmal achten Sie darauf, dass Sie ihn so formulieren, dass eine konstruktive Diskussion entstehen kann

(Formulierungen wie »Ich habe das Gefühl, dass ...«, oder »Vielleicht liegt es ja an mir, aber ich habe oft den Eindruck, dass ...« sind da von Vorteil). Tragen Sie dem anderen nicht in einer langen Tirade seine Verfehlungen vor, sondern komprimieren Sie Ihre wichtigsten Anliegen möglichst knapp und überlassen Sie dem anderen die Wahl, wo er nachhakt. Schreiben Sie auch, wie sehr Sie den anderen lieben und die gemeinsame Nähe vermissen. Dass Sie hoffen, dass Sie es gemeinsam schaffen. Dasselbe Recht steht dann natürlich dem anderen zu.

Zur Sache, Schätzchen

Wenn Sie sich zusammensetzen, sollten Sie für eine ruhige, absolut ungestörte Atmosphäre sorgen. Setzen Sie sich an einen Ort, an dem Sie sich wohlfühlen und an dem Sie sich gegenübersitzen und einander in die Augen sehen können. Sorgen Sie vielleicht noch für angenehmes Licht und Getränke, sodass Sie ohne Unterbrechung in angenehmer äußerer Atmosphäre Ihre Probleme angehen können. Lassen Sie den anderen unbedingt ausreden und unterbrechen Sie seinen »Vortrag« über seine Sicht der Dinge nicht – auch wenn Ihnen ein Widerspruch noch so sehr auf der Zunge brennt. Bleiben Sie völlig ruhig und stellen Sie dann Fragen zu den Ausführungen des anderen.

Sie können Ihr Gespräch aber auch ganz anders gestalten. Wenn Sie einander so entfremdet fühlen, dass Sie gar nicht mehr viel von sich aus schreiben bzw. sagen können, dann überbrücken Sie diese Schlucht mit Fragen.

Wer zunächst von sich selbst nicht allzu viel preisgeben möchte, stellt Fragen nach der Gefühlslage und den Eindrücken des anderen. Das ist eine gute Möglichkeit, die Meinung des anderen zu erfahren und die Themenbereiche zu steuern. Man kann sich so immer den Antworten aussetzen, die zu ertragen man sich gerade noch in der Lage sieht. Tasten Sie sich langsam und vorsichtig an den Kern des Konflikts heran. Die Fragen können Sie sich vorher überlegen, sollten aber nicht aufgeschrieben sein und abgelesen werden, sondern so an den Mann oder die Frau gebracht werden, dass man ihm oder ihr dabei in die Augen sehen kann. Fragen, welche die Krise adressieren, aber auch wieder eine gewisse Nähe herstellen, könnten folgendermaßen lauten:

- Was ist dein innigster Wunsch?
- Was wünschst du dir in Bezug auf uns?
- Was möchtest du in Zukunft?
- Hast du noch Gefühle?
- Wie würde es dir gehen, wenn wir uns trennten?
- Liebst du mich?

Stellt der Partner an Sie keine Fragen, könnte eine gute Zwischenfrage von Ihnen sein:

- Glaubst du, dass ich noch Gefühle für dich habe?

Verneint er diese, können Sie davon ausgehen, dass er selbst verunsichert ist und eher ängstlich an diese Aussprache herangegangen ist. Lassen Sie dabei dem anderen die Chance, diesen Eindruck zu begründen und nach und nach ein bisschen mehr über seine Gefühlslage zu erzählen, so wie Sie selbst nach und nach Ihre Gefühle offenbaren sollten. Dann überfordern Sie weder sich selbst noch den Partner.

Wenn die Gefühle füreinander noch da sind und die Beziehungskrise durch äußere Umstände entstanden ist, dann versuchen Sie gemeinsam, diese aufzuspüren. Überlegen Sie, was Sie ändern können. Versuchen Sie, jetzt, wo Sie sich zu dem gemeinsamen Gespräch durchgerungen haben, sich gegenseitig die Unaufmerksamkeiten und Lieblosigkeiten, die vielleicht stattgefunden haben, zu verzeihen. Es muss jetzt darum gehen, einen neuen Start zu versuchen und dies unbedingt gemeinsam und nicht gegeneinander zu tun.

Wenn die Aussprache einem von beiden zu viel wird, unterbrechen Sie sie und verschieben sie auf den nächsten Tag. Sie haben lange gewartet, es kommt auf ein paar Tage hin oder her nicht an. Schließlich ist das Ergebnis wichtig. Versuchen Sie jedoch dabei, in einer Art »Waffenstillstand« einigermaßen friedlich auseinanderzugehen. Es sollte dabei jedoch feststehen, wann Sie sich in naher Zukunft wieder in dieser Sache zusammensetzen.

Nachglühen

Sollte alles gut ausgegangen sein, sollten Sie sich zumindest einmal in die Arme nehmen. Sie können auch Ihre Wutbriefe gemeinsam verbrennen, wenn Sie es geschafft haben, Ihre Konflikte anzugehen und zu lösen. Oft ist die Wut dann wie verraucht und man fühlt sich befreit. Dinge, die Sie noch vor ein paar Tagen dem Ihnen fremd gewordenen Partner in dem Brief an den Kopf geworfen haben, tun Ihnen dann leid und Sie können erleichtert Ihren ganzen Zorn und Schmerz symbolisch zu Asche werden lassen. Oft reden Paare stundenlang über die Gefühle, die sie noch füreinander haben, und schaffen es dann trotzdem nicht, wieder gegenseitige Nähe zuzulassen. Dabei ist gerade körperliche Nähe oft sehr heilsam. Unser Körper weiß oft viel besser als unser Verstand, zu wem wir gehören. Nach dieser mutigen Konfrontation sollten Sie versuchen, sich gegenseitig tröstende Nähe und Streicheleinheiten für Körper und Seele zu spenden. Bleiben Sie eine Weile gemeinsam schweigend sitzen und halten Sie sich dabei bei den Händen. Kommen Sie wieder zur Ruhe – gemeinsam.

Rollentausch

Manchmal hilft ein kleines Rollenspiel-Ritual, um dem anderen zu zeigen, wie sein Verhalten bei Ihnen ankommt. Tauschen Sie dabei die Rollen für eine kurze Zeit und spielen Sie bestimmte Situationen, die Ihnen nicht gefallen, nach, wie beispielsweise das Nachhausekommen eines Partners oder sein Verhalten beim Familienfrühstück. Spielen Sie zuerst die Realität in ausgetauschten Rollen nach und danach noch einmal, wie Sie es besser fänden. Das kann manchmal auch Humor und Spaß in eine ernste oder festgefahrene Situation bringen.

Ritual »Symbolische Trennung«

Nehmen Sie eine Porzellanschüssel, -vase, -tasse oder einen Teller und zerbrechen Sie ihn – Scherben bringen ja Glück. Das hilft vielleicht schon, ist aber nicht vornehmlicher Sinn des Rituals. Das zerbrochene Stück Porzellan soll die Trennung Ihrer Beziehung symbolisieren. Weiterhin benötigen Sie etwas, das für die Weiterführung der Beziehung steht. Das kann ein Band oder ein Kissen in Herzform, ein roter Schal oder ein Foto sein und symbolisiert etwas, das Sie beide verbindet.

Jeder Partner nimmt nacheinander ein Stück der Scherben in die Hand und sagt zum Partner klar und deutlich den Satz:
- »Ich trenne mich von dir, … (Name des Partners einfügen)«.

Dann nimmt jeder der Partner nacheinander das Band oder Foto als Symbol für die Beziehung in die Hand und sagt ebenso klar und deutlich den Satz:
- »Ich möchte bei dir bleiben, … (Name des Partners einfügen)«.

Wenn beide Partner jeweils beide Symbole in der Hand hatten und den entsprechenden Satz gesagt haben, werden die Symbole beiseitegelegt. Jeder von Ihnen beiden hat sicher ganz deutlich gespürt, mit welchem Symbol und mit welcher Aussage er sich besser gefühlt hat. Sprechen Sie erst einmal nicht darüber.

Geben Sie sich vier bis sieben Tage Zeit, in denen jeder immer wieder für sich die Symbole in die Hand nimmt und den jeweiligen Satz leise spricht. So können Sie sich beide über Ihre Gefühle klarer werden und leichter eine Entscheidung für oder gegen die Beziehung treffen. Wenn Sie sich gerade gestritten haben, warten Sie ein bisschen, bis Sie sich wieder etwas beruhigt haben. Sie sollten dieses Ritual nur bei klarem und ruhigem Verstand machen, sonst nehmen Sie sich die Chance auf ein gutes Ergebnis.

Sprechen Sie dann beide über Ihre Gefühle während dieser symbolischen Handlung, und wenn Sie sich beide bewusst werden, dass Sie zwar Probleme haben, aber die Trennung eigentlich überhaupt nicht wollen, dann werden Sie aktiv in der Lösungsfindung.

Behalten Sie den Gegenstand, der das Zusammenbleiben und Kitten Ihrer Liebesbeziehung symbolisiert und platzieren Sie ihn an einen gut sichtbaren Ort, damit Sie so täglich an Ihre Vorsätze für Ihre Beziehung erinnert werden.

Wie beim ersten Mal – Ein Ritual des Neuanfangs

Eine schöne Art der Begegnung und des Neuanfangs stammt aus dem Buddhismus: Begegnen Sie sich nach der überstandenen Krise nun wieder so, als ob Sie sich zum ersten Mal sähen, nämlich mit Vorsicht, Respekt und Höflichkeit. Geben Sie Ihrer Beziehung einen neuen Start, begreifen Sie einander nicht als selbstverständliche, altbekannte Weggefährten, sondern als unbekannte, interessante Menschen, die sich neu kennenlernen möchten. Lücken, die während der Phase der Entfremdung entstanden sind, können so überbrückt und sogar positiv genutzt werden. Die Wahrnehmung Ihres Partners wird eine andere sein, was sich auch im Umgang miteinander widerspiegelt und den Neuanfang in der Beziehung im Alltag markiert.

Paar-Meeting

Wenn Sie gerade einen Neuanfang gewagt haben oder sich generell in Ihrer Partnerschaft mehr Austausch und Nähe wünschen, können Sie ein regelmäßiges Paar-Meeting ritualisieren, das circa alle sechs Wochen einmal stattfinden sollte. Es gibt Ihnen den Rahmen, Wünsche zu äußern, Beschwerden loszuwerden oder generell über die gemeinsame Liebesbeziehung zu reden. Solche Treffen können je nach Gesamtsituation mal recht kurz ausfallen oder länger dauern. Jedenfalls sollten Sie das Meeting nicht als lästigen Planungstermin zum Problemwälzen sehen, sondern als Moment der Tuchfühlung und der Nähe. Machen Sie es sich gemütlich mit einer Flasche Wein oder einer Kanne Tee bei Kerzenlicht und sprechen Sie ganz entspannt über die folgenden Fragen:

Paar-Meeting am ....

A) Themenauswahl (Tagespunkt(e)):

   1. _____
   2. _____
   3. _____
   4. _____

B) Was ist positiv an meinem Partner?

   1. _____
   2. _____
   3. _____

C) Was gefällt meinem Partner wahrscheinlich nicht an mir?

   1. _____
   2. _____
   3. _____

D) Was möchte ich an mir ändern, dass sich mein Partner mit mir wohler fühlt?

   1. _____
   2. _____
   3. _____

E) Was stört mich am Partner?

    1. _____

    2. _____

    3. _____

F) Was genau und wie konkret soll mein Partner etwas ändern:

    1. _____

    2. _____

    3. _____

G) Was gefällt mir an der momentanen Situation besonders gut?

    1. _____

    2. _____

    3. _____

H) Was gefällt mir an der momentanen Situation nicht?

    1. _____

    2. _____

    3. _____

I) Sonstiges

    1. _____

    2. _____

    3. _____

J) Ziele

    1. _____

    2. _____

    3. _____

K) Neuer Termin für das nächste Meeting: ....

Der hier vorgeschlagene Fragebogen soll nur eine Anregung und vielleicht ein Leitfaden sein, bis Sie Ihre eigenen Themenschwerpunkte für Ihre Paar-Meetings festgelegt haben. Sie können ihn natürlich beliebig verändern, erweitern oder verkürzen. Sie sollten jedoch dabei darauf achten, dass positive und negative Fragestellungen einander die Waage halten.

Gehen Sie beim gemeinsamen Durchgehen der Fragen so vor, dass Sie zunächst etwas Positives (etwa aus Frage B) sagen und danach etwas Negatives (etwa aus Frage E). Wechseln Sie sich nach jeweils einem bis zwei Punkten ab. Bitte geben Sie keinen Kommentar zu den jeweils vorgelesenen Punkten ab und unterbrechen Sie einander nicht. Hören Sie zu und lesen Sie das vor, was Sie geschrieben haben.

Im normalen Alltag sind Vorwürfe oder Beleidigungen oft an der Tagesordnung, hat doch das Paar keinen Rahmen, in dem es sich vernünftig über bestehende Probleme aussprechen kann. Das Paar-Meeting soll einen Rahmen geben, um Vorwürfe zwischen Tür und Angel zu vermeiden. Wer weiß, dass er bald im Paar-Meeting seine negativen Eindrücke loswerden kann, hält sich im Alltag mehr zurück. Dieses Meeting soll aber keine Generalabrechnung sein. Es soll Forum sein für die schönen, lieben Dinge, die man am Partner sieht, aber auch erlauben, Dinge zu sagen, die einer glücklichen Beziehung im Wege stehen. Die negativen Dinge sollten wohlüberlegt und so nett wie möglich formuliert sein. Bei einem Meeting, das höchstens einmal im Monat stattfindet, denkt man sicher noch einmal über den einen oder anderen Punkt nach. Nur wirklich wichtige Dinge werden hier angesprochen. Das ist der Unterschied zum Alltag, in dem man dem Partner schnell einmal etwas vorwirft, das eigentlich keine große Bedeutung hat.

Liebe als Dauerbrenner oder
Rituale für eine starke Gemeinschaft

Die geistige Haltung
ist wichtiger als die Tatsachen.

Karl Menninger

Mittendrin und doch am Anfang

Gestern schienen wir noch eine glückliche Familie zu sein und
heute stecken wir wieder mitten in den Pubertätskrisen unserer Kinder, müssen verheulte Mädchenaugen trocknen und
die durchnässte Matratze unseres Kleinsten schrubben. Wir
fühlen uns dabei oft überfordert und müssen uns dann noch
von allen Seiten Genörgel anhören. Alle scheinen auf einmal
unzufrieden geworden zu sein. Alles steht Kopf.

Kinder werden ständig größer, älter, selbstständiger und
die Regeln von gestern scheinen überholt. Eine Familie ist
eine Baustelle, in der es jeden Tag ein Stück vorangeht.
Manchmal können wir Eltern mit der rasanten Entwicklung
unserer Kinder nicht Schritt halten. Schon wollen wir es uns
in unseren geschaffenen Strukturen bequem machen, bricht
eines der Kinder aus und es wird klar, dass wir uns etwas
Neues einfallen lassen müssen. Wenn eines der Familienmitglieder sich nicht mehr wohlfühlt, ist das bereits Anlass genug, sich erste Gedanken über eine Veränderung zu machen.

Regeln und Grenzen hängen vom Alter der Kinder sowie
der Gesamtsituation ab und sollten von Eltern und Kindern
gemeinsam ausgehandelt und geregelt werden. Da sie immer
wieder von Zeit zu Zeit angepasst werden müssen, ist es
wichtig, dass sich die Eltern vorab Gedanken machen.

Wer ist mein Kind? – Ritual der Bewusstmachung

In all dem Organisieren des Familienlebens und dem Versuch, die Maschinerie »Familie« reibungslos am Laufen zu halten, verlieren wir manchmal unsere Kinder und ihre individuellen Entwicklungen aus den Augen. Das kann oftmals der Grund dafür sein, dass plötzlich Unzufriedenheit einkehrt und sich manche Familienmitglieder unverstanden fühlen. Kinder wachsen mit jedem Lebensjahr immer mehr zu ganz eigenen Persönlichkeiten heran, die in ihrer Eigenständigkeit erkannt, respektiert und individuell gefördert sein wollen.

Daher sollten Sie als Elternpaar einmal im Jahr Ihre Kinder ganz bewusst und eingehend betrachten und besprechen, um die gemachten Fortschritte wahrzunehmen und auszuloten, welche Bereiche noch Förderung oder Grenzen vertragen könnten. Legen Sie Erziehungsziele fest und sammeln Sie Eigenschaften und Fähigkeiten, die Sie in Ihren Kindern bestärken und ausbilden möchten.

Beispiele:

- Vertrauen in die Fähigkeit, eigene Stärken und Begabungen zu erkennen und weiterzuentwickeln (Berufung?),
- Sensibilisierung für eigene und andere Bedürfnisse,
- soziale Kompetenz,
- Spaß am Wissen – Entdeckung der Welt (Sprachen, Literatur, Naturwissenschaften etc.) und Bewegung,
- Freude an Gemeinschaft und Kommunikationsfähigkeit,
- Geborgenheit,
- Sicherheit,
- Gerechtigkeitssinn,
- innere Ruhe und Besonnenheit usw.

Welche Ziele sind Ihnen und Ihrem Partner besonders wichtig? Notieren Sie die Ziele und sprechen Sie über die Hintergründe. Nutzen Sie diese gemeinsame Sitzung, um ihr Kind einmal ganz bewusst als eigenständige Persönlichkeit wahrzunehmen, mit manchen Eigenschaften, die Sie vielleicht nicht nachvollziehen können oder die das Kind »nicht von Ihnen« hat. Sprechen Sie über Ihre eigenen Eltern, Geschwister, die ähnliche Züge aufweisen und überlegen Sie, wie Sie die positiven Eigenschaften fördern und wie Sie bei den negativen dem Kind helfen können, mit diesen besser umzugehen. Wenn Ihr Kind beispielsweise extrem schüchtern ist und »fremdelt«, oft Heimweh hat und unsicher ist, überlegen Sie sich gemeinsame Rituale, mit dem Sie das Kind in seinem Selbstbewusstsein bestärken können. Oder wie Sie besonders hibbeligen, manchmal aggressiven Kindern ein Ventil schaffen können und Ihnen gleichzeitig zeigen, wie Sie diese negative Energie in Positives umwandeln können.

Wenn Sie die Zeit haben, nutzen Sie dieses jährliche Ritual auch dazu, um darüber zu sprechen, was die jeweiligen Kinder von Ihnen, von Ihrem Partner oder Ihren Eltern etc. »geerbt« haben. Ob Positives oder Negatives, die Bewusstmachung, dass diese kleinen Wesen wirklich eine Kombination Ihrer beider Persönlichkeiten und Familien ist, stärkt das Zusammengehörigkeitsgefühl und fördert die Toleranz und die Geduld mit manchen Schwächen. Oft kann derjenige Elternteil, der als Kind ähnliche Phasen durchmachte, sich besonders gut einfühlen und sich vorstellen, wie man die gesetzten Ziele am besten erreichen könnte, ohne dem Kind etwas aufzuzwingen.

Ritual Rollentausch

Auch Ihre Kinder können und sollten lernen, sich in die anderen Familienmitglieder hineinzuversetzen und sie als ganz eigene Persönlichkeiten wahrzunehmen. Eine alte Indianerweisheit besagt: »Urteile über niemanden, bevor du nicht in seinen Mokassins gelaufen bist.« Tauschen Sie in diesem Sinne als spielerisches Ritual gelegentlich die Rollen und Perspektiven innerhalb Ihrer Familie. Sie werden erstaunt sein, wie sehr allein der räumliche Blickwinkel Ihre Wahrnehmung und Ihre Gefühle beeinflussen kann.

Dies kann schon beim Frühstückstisch beginnen, denn die hartnäckigste Gewohnheit, die man bei fast jeder Familie antrifft, ist die Sitzordnung bei Tisch. Diese Tischordnung ist oft fixiert und selbst nach vierzig Jahren beim Familienessen im elterlichen Haus immer noch dieselbe. Mit diesen Sitzplätzen ist dabei oft weit mehr verbunden, als man annimmt: Jeder nimmt aus dieser Perspektive regelmäßig den gesamten Familienverbund wahr und vertritt von hier aus im doppelten Sinne seine Position. Nicht zuletzt ist der Esstisch der Ort, an dem die Familie am häufigsten und regelmäßigsten zusammenkommt und wichtige Dinge bespricht.

Tauschen Sie daher einmal die Plätze, um zu sehen, wie beispielsweise die Perspektive von Papas Sitzplatz ist. Einmal in der Woche am Sonn- oder einem Wochentag darf einer reihum die Tischrede halten. Er spricht an, was die Woche über besonderes war und richtet kurz an jeden ein Wort, das löblich, versöhnlich oder sehr persönlich sein kann. Zu diesem Zweck tauscht er den Platz mit dem Familienmitglied, bei dem er am meisten das Gefühl hat, es verstehen zu wollen. Oder Sie halten Ihr Familienmeeting mal in dieser anderen Konstellation ab, damit auch im Austausch miteinander jeder die Energie dieses anderen Sitzplatzes wahrnehmen kann.

Ein weiteres ritualisiertes Rollenspiel kann der Energie-Tausch sein, bei dem ein Kind zum anderen oder zu Ihnen kommt und Ihnen mit beiden Händen über den Kopf streicht und sagt: »Ich gebe dir Helena-Energie« oder »Gib mir Mama-Energie.« Mit dem Übergang der Energie übernimmt der Empfänger die Rolle des Energiegebers. Dieser symbolische Akt zeigt unter anderem auch die Bereitschaft, die eigene Rolle loszulassen und dem anderen zu übertragen. So können Sie auch, wenn Sie die Rolle des anderen annehmen wollen, zum Partner oder Ihrem Kind sagen: »Gib mir Jonas-Energie«

oder Sie können Ihrem Kind über den Kopf streichen und ihm »Mama-Energie« geben. Sobald die Hände seinen Kopf berühren, fängt es an, sich wie Mama zu benehmen. Oder Sie schlüpfen in die Rolle Ihres launischen Teenagers und zeigen mal das abweisende Gesicht, dass Sie schon seit einigen Wochen beim Familienessen sehen müssen.

Kinder und Heranwachsende werden auf diese Weise spielerisch mit ihrem eigenen Verhalten konfrontiert und können sich, wenn sie in eine andere Rolle schlüpfen, vorstellen, wie es sich anfühlt, das kleinere Geschwister oder ein Elternteil zu sein. Das ist erst mal sehr lustig, aber auch für die persönliche Reflektion unheimlich wichtig. Wie werde ich von den anderen wahrgenommen? Wie verhalte ich mich? Kommen meine Anliegen so bei den anderen an, wie ich sie gesendet habe? Verstehen mich die anderen? Wissen sie, was ich beabsichtige? Laufe ich wirklich so hektisch herum? Habe ich wirklich einen solchen Befehlston?

Diesen kurzen Rollentausch können Sie immer mal wieder zwischendrin durchgehen, auch und vielleicht gerade in Situationen, in denen Sie das Verhalten des jeweils anderen stört oder Sie es nicht nachvollziehen können. Vielleicht verstehen Sie ihn danach besser oder Ihr kurzes Rollenspiel führt dazu, dass der andere sich überhaupt erst bewusst wird, wie er sich verhält.

Rituale für die Krise

Wer einen Menschen bessern will,
muss ihn erst einmal respektieren.

Romano Guardini

Diskussionen, Streits und Lösungen

Es brechen in Ihrer Familie immer wieder Diskussionen und Streits wegen desselben Themas auf? Das ist keine Seltenheit. Die ärgsten Verursacher schlechter Laune sind meist Situationen, mit denen wir nicht zurechtkommen und mit denen wir uns einfach nicht abfinden können.

Die einfachste Art, einem Problem zu entkommen, ist, es zu lösen. Gewisse Probleme lassen sich leider nur um den Preis weiterer Konflikte lösen. Manche Lösungen erweisen sich vielleicht für einige Familienmitglieder als perfekt, für andere bedeuten sie dagegen eine Katastrophe. Welches Thema auch immer im Brennpunkt steht, emotionale Gespräche und lautstarke Streits sind dann oft an der Tagesordnung. Die Eltern sollten die Situation prüfen, sachlich ergründen, was zu diesem extremen Zwist geführt hat und versuchen, allen Beteiligten einen guten und ruhigen Weg aufzuzeigen, um eine sinnvolle Lösung herbeizuführen. Besonders wichtig ist bei solchen Geschwister- oder Familienstreits, dass jeder zu Wort kommt und seinen Standpunkt einmal in Ruhe darlegen darf. Keiner darf übergangen werden, denn sonst wird der vermeintliche Kompromiss nur Zündstoff für den nächsten Streit.

Von Vorteil ist es dabei, wenn jeder Beteiligte sich erst einmal über seine Not, seinen Frust und seine Wut klar wird und notiert,
- was er/sie möchte,
- mit welchem Kompromiss er/sie leben könnte und
- was er/sie auf keinen Fall kann oder will.

Bei kleineren Kindern müssen die Eltern mit geschickten Fragen versuchen herauszufinden, was den Nachwuchs quält. Sind die Eltern selbst in Streits involviert, sollten Sie versuchen, sachlich zu bleiben, auch wenn das nicht immer ganz einfach ist. Wenn es die Eltern nicht schaffen, Ruhe zu bewahren, dann werden es die Kinder erst recht nicht tun. Wenn die Situation nicht eskalieren soll, müssen Sie sich zusammenreißen und nach gemeinsamen Lösungen suchen.

Wo stehe ich? – Rituale zur Problemsuche

»Das Chaos will anerkannt, will gelebt sein, ehe es sich in eine neue Ordnung bringen lässt.« Dieses Zitat von Hermann Hesse bringt es auf den Punkt. Insbesondere bei tiefen Konflikten innerhalb der Familie ist es oft nötig, sich ganz in die Rolle des anderen hineinzuversetzen bzw. die eigene Rolle im Familienverbund bewusst zu reflektieren. So kann oft erkannt werden, wo der Schuh denn tatsächlich drückt. Dass es nicht um das plötzlich heiß begehrte alte Spielzeug geht, das die kleine Schwester unter Beschlag genommen hat, sondern eigentlich darum, dass man sich insgesamt vernachlässigt fühlt. Kinder wissen oft selbst nicht, warum manche Dinge so heftige Wutreaktionen bei ihnen auslösen und was sie eigentlich bedrückt.

Als spielerische Form der Lösungssuche ist ein Rollenspiel in Anlehnung an die Methode der Familienaufstellung nach Bert Hellinger möglich. Dabei werden Darsteller, welche die jeweiligen Familienmitglieder repräsentieren, wie Spielfiguren so im Raum aufgestellt, dass sie in ihrer Position und ihrem Abstand zueinander die Familiensituation widerspiegeln. Zudem übernehmen sie eine körperliche Haltung, Gestik und Mimik, welche die Beziehungen der Familienmitglieder zueinander ausdrücken. Die Methode basiert auf der Vorstellung, dass die »gestellten Personen« die Gefühle und Verhaltensweisen der »echten« Familienmitglieder aufgrund ihrer räumlichen Positionierung zueinander nachfühlen können und sogar übernehmen. So wird eine objektive Einschätzung der subjektiv gefühlten und gelebten Rollen möglich.

Basierend auf diesem Gedanken kann man zu Hause Aufstellungen vornehmen, allerdings in abgewandeltem Rahmen, denn innerhalb der Familie haben wir nicht die Möglichkeit, uns von fremden Personen darstellen zu lassen.

Wir können jedoch die »echten« Menschen aufstellen oder sich selbstständig platzieren lassen, in den Positionen, in denen wir sie oder sie sich selbst sehen. Dann kann man die aufgestellten Familienmitglieder befragen, wie sie sich an genau diesem Platz in dieser Konstellation fühlen und warum sie gerade diese Position eingenommen haben.

Am besten, einer der Eltern macht den Anfang und stellt sich in den Raum. Alle anderen stellen sich dann, einer nach dem anderen, dazu. So ist jeder aufgefordert, auf die Situation intuitiv zu reagieren und zur aufgestellten Einzelperson den passenden Platz im Raum einzunehmen. Sie werden erstaunt sein, welche Konstellationen sich ergeben, welche Familienmitglieder sich auf einmal ganz nah beieinander oder sogar mit dem Rücken zueinander aufstellen werden.

Gerade bei Kleinkindern können so ohne lange Erklärungen ungünstige Konstellationen aufgedeckt und verändert werden. Kleinere Kinder sind oft noch nicht in der Lage, ihre eigenen Gefühle bewusst zu erkennen und zu kommunizieren. Durch diesen für sie spielerischen Ansatz können sie ihre Wahrnehmung der Gesamtsituation zum Ausdruck bringen.

Sie können es auch so angehen, dass eines der Kinder alle Familienmitglieder im Raum aufstellen darf. Es darf dabei bestimmen, wie sie zueinander stehen, wo sie hinschauen und wie sie kucken sollen: böse, abweisend, lieb, traurig etc.

Zum einen können Sie so sehen, wie dieses Kind die Familie und die Beziehungen untereinander wahrnimmt. Zum anderen kann jeder ganz bewusst in der »aufgestellten« Position in sich gehen und nachspüren, wie es sich anfühlt, an diesem

Platz zu stehen, und ob es der eigenen Wahrnehmung seiner Rolle in der Familie entspricht.

Anstatt der Aufstellung der tatsächlichen Personen können Sie auch Platzhalter in Form von DIN-A4-Blättern wählen, die Sie in der entsprechenden Konstellation auf den Boden legen, um danach jeden Platz selbst einzunehmen und zu spüren, wie es sich anfühlt, dort zu stehen. Oder man nimmt Steine, Figuren oder Holzbausteine, die man wie bei einem Brettspiel auf dem Tisch aufstellt. Dabei darf jeder einmal die Figuren aufstellen bzw. umstellen, je nachdem wie er mit der Aufstellung des anderen übereinstimmt oder davon abweicht. Dann darf und sollte jeder genau erklären, warum er die Figuren genau so aufgestellt hat und was er zum Beispiel an der Aufstellung, die davor Schwester oder Bruder gemacht haben, nicht richtig findet. Für eine Kompromissfindung kann man dann so vorgehen, dass jeder zunächst die Ist-Situation darstellt und danach eine Wunsch-Situation aufbaut, in der er oder sie sich besser und wohler fühlen würde.

Wenn Sie bereits in einer Krise stecken, probieren Sie aus, ob Sie damit einer Lösung näher kommen. Grundsätzlich können Sie es aber auch als regelmäßige Spielform und als Ritual je nach Lust und Bedarf ein- bis zweimal pro Monat nutzen und als Frühwarnsystem für Missstimmungen verwenden, damit Sie stets im Bilde sind und Konflikten rechtzeitig entgegenwirken können.

Dieses Ritual ist innerhalb der Familie eine gute Ergänzung zu anderen Lösungsformen, aber auch für die Paarbeziehung der Eltern interessant. Horchen Sie bei solchen Aufstellungen auch im Hinblick auf Ihre Liebesbeziehung regelmäßig in sich hinein und werden Sie sich bewusst:

- Wo stehe ich?
- Wie fühle ich mich?
- Wo ginge es mir besser?

So können Sie ebenfalls Disharmonie und Verletzungen, die sich im hektischen Familienalltag in Ihre Beziehung einge-

schlichen haben, früher wahrnehmen und ihnen entgegenwirken.

Ursache und Wirkung

»Wie man in den Wald hereinruft, so schallt es heraus«, das
weiß der Volksmund. So banal diese Wahrheit ist, so zutref-
fend ist sie, insbesondere im engen Zusammenleben mit unseren Lieben. Überlegen Sie mal, wie oft Sie Ihre Kinder und Ihren Partner mit Rügen und Anweisungen belegen. Führen Sie
als Experiment einen Tag lang eine Strichliste für jedes Kind
und Ihren Partner und zählen dabei, wie oft Sie sie ermahnen,
tadeln, ihnen Anweisungen erteilen oder sie loben.

Am Ende des Tages zählen Sie alles zusammen. Sie werden
dabei vielleicht feststellen, dass manche Kinder oder Ihr Partner mehr Negatives von Ihnen zu hören bekommen, als Sie
dachten. Dabei ist gerade in der Partnerschaft der Eltern die
gegenseitige, regelmäßig zum Ausdruck gebrachte Wertschätzung essenziell.

Natürlich müssen gerade die Eltern mahnen und auch rügen, um für Ordnung zu sorgen und notwendige Grenzen zu
setzen. Mindestens so wichtig ist jedoch das Loben, das
manchmal zu kurz kommt. Natürlich motiviert ein Lob von
einer Respektsperson Kinder weitaus mehr als jede Ermah-
nung. Kinder wachsen oft dann über sich hinaus und stren-
gen sich besonders an, wenn sie die erhaltene Anerkennung
und Bewunderung noch zu toppen versuchen. Je näher Menschen zusammen sind und je jünger sie sind, desto mehr
muss man an Regeln erinnern. Positive Erlebnisse, Spaß und
Belohnung sind aber mindestens genau so wichtig für ein
harmonisches Zusammenleben und inneres Glücksempfin-
den aller Beteiligten. Sie werden sehen: Je mehr positive Anerkennung Sie verschenken, desto mehr werden auch Sie ge-
lobt werden, sei es für die gute Idee für einen Ausflug oder
das leckere Abendessen.

Wutrituale

Empfundenes Glück versucht man weiterzugeben, gefühlte Wut leider auch. Wo Zorn gesät wird, dort wird Zorn auch wachsen und gedeihen. Was Erwachsene den Kindern vorleben und an sie weitergeben, werden diese unter Umständen den Eltern zurückspiegeln. Viel häufiger ist jedoch der Fall, dass sie es in der Schule, bei Freunden oder auch aufgestaut erst Jahrzehnte später an ihrem Partner oder ihren Kindern auslassen. Bei wieder anderen äußert sich die Wut dosiert in jähzornigen Ausbrüchen, wobei sie grundsätzlich latent aggressiv sind.

Deshalb sollten Sie Ihre innere Wut im Sport ausleben oder, wenn Sie allein sind, wegschreien oder anderweitig loswerden. Es ist wichtig, die eigene Wut zu akzeptieren, anzunehmen und zu kanalisieren. Es ist kein Zeichen des Versagens oder Scheiterns, einmal eine richtige Wut auf alles und jeden im Bauch zu haben. Entscheidend ist, wie Sie mit ihr umgehen.

Egal, wie sehr Sie in einem Moment auch rotsehen – versuchen Sie, Ihr Umfeld nicht ungebremst damit zu belasten. Das gilt natürlich insbesondere für Partner und Kinder, auch, wenn gerade diese die Ursache Ihres Unmutes sind.

Kinder leiden oft unsäglich unter der Missstimmung und dem unterdrückten Zorn im Familienleben, wenn sich die Eltern untereinander oder mit einem der Geschwister gestritten haben und die Beteiligten noch geladen und wutentbrannt durchs Haus trampeln. Gerade kleinere Kinder tendieren dann dazu, die Schuld bei sich zu suchen und sind schrecklich verwirrt, warum zu Hause so schlimme Stimmung herrscht, obwohl sie selbst doch ganz brav waren.

Fördern Sie daher Rituale, in denen die Wut kanalisiert wird und ohne Schaden anzurichten kommen und wieder gehen darf. Wutrituale sind sehr individuell. Manchmal reicht das berühmte Kissenschlagen oder ein Boxsack aus, um sich abzureagieren, manchmal ist es aber auch nötig, etwas kaputt zu machen. Sammeln Sie Gegenstände, die Sie sowieso wegwerfen würden und veranstalten Sie in regelmäßigen Abständen ein Wutritual. Jeder nimmt einen Gegenstand, denkt an eine Situation, die ihn wütend gemacht hat, und wirft mit diesem Gedanken den Gegenstand zu Boden oder gegen die Wand. Geeignet sind zum »Poltern« natürlich nur unempfindliche Kellerwände oder Straße und Garten. Mit der ganzen Wucht der Gefühle müssen diese Dinge die Wut des Einzelnen aushalten und übernehmen. So kann man seine negativen Gefühle und Energien wortwörtlich loslassen und von sich werfen. Allerdings sollten Sie darauf achten, dass sich dabei niemand verletzen kann.

Auch die Erlaubnis, einmal laut zu schreien, wirkt befreiend und wie ein Ventil bei aufgestautem Zorn. Das können Sie auch gemeinsam tun, indem sich alle auf einem Feld oder in einen Raum stellen und »auf drei« gemeinsam aus vollem Hals ihren Frust herausbrüllen. Wahrscheinlich müssen Sie trotz aller Wut dann irgendwann auch mal lachen, weil Ihnen die Situation so absurd erscheint, doch nur so kann die Wut in heilsame Energie umgewandelt werden.

Herzenswärme –
die Kraft, die alles zusammenhält

> Der Mensch bedarf menschlicher
> Beziehungen, um sich zu verwirklichen.
>
> *Jürg Willi*

Was macht unsere Familie aus? Wir tun für unsere Kinder Dinge, die wir für uns selbst als Paar oder gar als Single nie tun würden. Wir versuchen, Geborgenheit, Liebe, Wärme, Sicherheit und ein Zuhause zu geben. All das sind Dinge, die wir uns auch für uns selbst wünschen würden. Es ist so, als ob wir wieder die Kinder sind, denen wir nun das bieten können, was wir gerne selbst in unserer Kindheit erfahren hätten. Deshalb ist unsere Idealvorstellung von Familie auch so grandios, weil auf einmal all unsere alten Kindheitswünsche und -sehnsüchte von uns selbst erfüllt werden könnten.

Was wir selbst brauchen, geben wir jetzt unseren Kindern und dadurch letztlich uns selbst. So schließt sich der Kreis und wir zentrieren und erden uns wie von selbst. Unser inneres Kind wird nun bestens versorgt.

Wärme und Herzlichkeit – angeboren oder trainierbar?

Besonders die Liebe und Wärme, die wir unseren Kindern, Partnern und unserem Umfeld entgegenbringen, sind essenziell und erzeugen ein harmonisches Zuhause voller Geborgenheit. Wenn sich die Menschen bei und mit Ihnen wohlfühlen, werden auch Sie von ihnen herzlich empfangen und behandelt. Positive Energie, die Sie weitergeben, verschwindet nie. Dieses Prinzip ist vergleichbar mit dem Energieerhaltungssatz, den wir in der Schule lernen: Die von uns geschenkte Herzenswärme mag weitergegeben und verwandelt werden, aufgebraucht wird sie jedoch nie.

Mitgegebene Herzenswärme kann auch Jahrzehnte nach der Geburt und der Kindheit im Leben eines Menschen weiterbestehen und weitergetragen werden. Wie selbstbewusst ein Mensch ist und damit auch zu echter Herzenswärme fähig wird, entscheidet sich in den ersten fünf Lebensjahren. Das Urvertrauen, das bereits in den ersten Lebensmonaten entsteht, ist dabei entscheidend. Babys erleben ihre ersten Lebensmonate sehr genau, auch wenn sie keine bewusste Erinnerung daran haben. In ihren Herzen ist alles gespeichert. Fühlt sich der kleine Mensch gut aufgehoben und umsorgt und erlebt das Kind viele Glücksmomente, füllt sich damit sein Erinnerungsspeicher auf. Wenn die Kinder über diese emotionale Reserve verfügen, bleiben sie in Konfliktsituationen gelassener und sind glücklicher und selbstbewusster.

Menschen, denen diese inneren Freuden und Glück fehlen, können diese nicht herzaubern, und es mangelt ihnen dann oft auch an Herzlichkeit im Umgang mit anderen. Legen Sie daher in Ihrer Familie von Anfang an den Grundstein für ein liebevolles Miteinander. Ihre Kinder mögen auch noch so verschieden oder schwierig sein, vorgelebte Wärme und Zuneigung ebenso wie Respekt werden verinnerlicht und holen immer das Beste aus einem Menschen hervor.

Der Ton macht die Musik

Ein herzliches und respektvolles Miteinander soll nicht durch einen Miesepeter gefährdet werden, deshalb müssen sich alle zusammentun und immer wieder auf freundliche Umgangsformen bestehen. Wer sich danebenbenimmt, unflätig wird, andere beleidigt oder Schimpfwörter benutzt, dem sollten Grenzen gesetzt werden. Alle Familienmitglieder stehen dem Abtrünnigen bei und helfen ihm wieder auf den rechten Weg, indem sie ihn immer wieder freundlich daran erinnern, dass er einen netten Ton anschlagen sollte. Diese kollektive Hilfe geht wahrscheinlich selbst dem grantigsten

Griesgram so gehörig auf die Nerven, dass er zumindest einmal darüber nachdenkt. Signalisieren Sie ganz deutlich, dass auf diese Art und Weise nichts erreicht werden – weder bei Ihnen noch im Leben allgemein. Er wird sich früher oder später ändern müssen, wenn er in der Familie akzeptiert und respektiert werden möchte. Herzlichkeit und Wärme oder zumindest Höflichkeit und Respekt müssen die Norm sein und nicht die Ausnahme.

In einem Ritual, das einmal pro Woche oder zu Zeiten, in denen der ruppige Umgangston gehäuft auftritt, stattfinden könnte, überlegt sich jeder, wann er das letzte Mal ausgeflippt ist, jemanden anderen verletzt oder beleidigt hat und was er das nächste Mal freiwillig tut, um dies wiedergutzumachen. Man kann dabei den anderen ganz ruhig und sachlich mit seinem unfreundlichen Verhalten konfrontieren und ihm sagen, dass das Fluchen vor der verschlossenen Badezimmertür oder das Türenschmeißen einen verletzt oder einem den Tag verdorben hat.

Dabei kann der andere aber dann auch erzählen, warum er so unfreundlich reagiert hat an diesem bestimmten Tag und was ihm auf der Seele lag. Das regelmäßige Besprechen der kleinen Ausrutscher innerhalb der Familie sorgt für Verständnis und verhindert aufgestauten Groll. So können sich kleine Gemeinheiten gar nicht erst zu einem großen Konfliktpotenzial heranwachsen.

Gerade bei Pubertierenden ist es wichtig, nicht nur die schlechte Laune als Symptom wahrzunehmen und zu ahnden, sondern auch die Ursachen dafür zu verstehen. Oft liegen hinter oberflächlichem Genörgel und einem langen Gesicht Sorgen und Ängste, die Beachtung finden wollen. Dennoch ist es wichtig, bestimmt und freundlich klarzustellen, dass das gewählte Ventil solchen Kummers – nämlich eine unausstehliche Laune oder verbale Gemeinheiten – keine tolerierten Verhaltensweisen in ihrer Familie sind.

Ritual »Liebeskette«

Ein schöner Abschluss eines solchen Rituals ist die Liebeskette. In der Reihenfolge des Alters bzw. der Größe setzen Sie sich alle hintereinander auf den Boden. Der Vater setzt sich zuerst hin und lehnt sich am besten gegen eine Wand. Dann setzt sich die Mutter vor ihn und lehnt sich zurück in seine Arme, das älteste Kind lehnt sich wiederum an die Mutter, das jüngere davor usw. Der Vater, der hinten sitzt, legt schützend seine Arme um die Mutter, diese wiederum ihre um das älteste Kind, das älteste Kind um das jüngere usw. Das ist eine wunderbare Art, Liebe, Entspannung und Geborgenheit auch körperlich zu zeigen und zu spüren.

Meditationsritual »Herzenswärme«

Sie fühlen sich leer und ausgebrannt? Sie haben das Gefühl, Sie können einfach nicht mehr geben? Sie sind nur noch müde und sehnen sich nach Ruhe?

Dann brauchen Sie diese auch! Um selbst in schwierigen und hektischen Zeiten Wärme geben und empfangen zu können, ist es notwendig, immer mal wieder zu sich zu kommen, sich zu zentrieren und wieder Kraft zu schöpfen. Werfen Sie immer mal wieder bewusst alle Sorgen über Bord und kommen Sie zur Ruhe, um Ihre Kraftreserven wieder aufzufüllen.

Nehmen Sie sich die Zeit und die Freiheit, sich einmal nur auf sich selbst zu konzentrieren. Tun Sie etwas für sich. Sie brauchen diese Auszeit, um sich daran zu erinnern, dass Sie keine Maschine sind, die nur von Pflichten und Zwängen bestimmt ist und dass es Anderes, Wichtigeres im Leben gibt als die ständige Pflichterfüllung.

Gönnen Sie sich einen Moment, um ganz in sich zu kehren, Schönes in Ihrem Gedächtnis und Ihrem Herzen wiederaufleben zu lassen und Ihre Batterien und innere Kraft wieder aufzuladen.

Hierfür ist ein Meditationsritual zu empfehlen, dass Sie jeden Tag für zwanzig bis dreißig Minuten abhalten. Das können Sie in der Früh tun, wenn alle noch schlafen, oder zu einer anderen Tageszeit, wo Sie kurz für sich sind. Auch wenn der erste Impuls ist, lieber länger zu schlafen – man ist ja ohnehin schon so müde. Versuchen Sie es, Sie werden sehen, dass Meditation eine viel langanhaltendere und erholsamere Wirkung auf Sie haben wird als das eine halbe Stunde Schlaf je könnte.

Sorgen Sie zunächst dafür, dass Sie ungestört sind von Telefonanrufen sowie der Türklingel oder anderen Störfaktoren. Setzen Sie sich auf einen bequemen Stuhl, eine Couch oder im Schneidersitz auf den Boden. Wichtig ist, dass Sie den Rücken gerade halten und dabei die Schultern bewusst entspannen. Oft schleppen wir unsere Alltagssorgen förmlich auf den Schultern mit uns herum und haben ständig hochgezogene, verkrampfte Schulter- und Nackenmuskeln. Legen Sie Ihre Hände und Arme in den Schoß, dann können Sie die Schultern entspannt hängen lassen. Schließen Sie die Augen und atmen Sie ganz bewusst ein und aus, um zur Ruhe zu kommen.

Konzentrieren Sie sich nur auf Ihren Atem, der immer ruhiger wird. Versuchen Sie, an nichts zu denken und nur »da zu sein«. Sie werden merken, dass das gar nicht so einfach ist. Doch geben Sie nicht auf. Mit ein wenig Übung sind Sie bald in der Lage, auf diese Weise von einer Minute auf die nächste komplett abzuschalten.

Konzentrieren Sie sich dann auf Ihr Herz, das Zentrum Ihrer Gefühle und Liebe, das für Sie und diejenigen Menschen schlägt, die Sie lieben.

Wenn Sie möchten, können Sie mit Affirmationen meditieren, indem Sie sich Sätze vorsagen, die Sie bestärken und beruhigen. Meditieren Sie zum Beispiel mit der Affirmation »Ich werde von Herzenswärme erfüllt« und sagen Sie sich diese innerlich beim Einatmen vor. Sie werden staunen, was für eine beruhigende, kraftspendende Wirkung solch positive Sätze auf Sie haben werden. Sie können die Affirmation auch abwandeln und anstatt der »Herzenswärme« die Stärke nennen, die Ihnen gerade fehlt: Geduld, Frieden etc.

Entspannen Sie dann beim Ausatmen und stellen Sie sich vor, wie alle negativen Gefühle und Anspannungen der letzten Zeit aus Ihrem Körper herausfließen, während dieser von innerer Wärme erfüllt wird.

Wiederholen Sie diese Übung eine Weile und verbringen Sie dann noch einen Moment in Ruhe, indem Sie sich zurücklehnen und spüren, wie Sie und Ihre innere Mitte wieder in Einklang kommen.

Geschwister – Rivalen unter uns?

> Mit wem man nichts gemein hat,
> ist gut Frieden halten.
>
> *Anselm Feuerbach*

Wenn zwei dasselbe wollen, werden sie zu Rivalen. Was wollen also unsere Kinder, wenn sie zu Konkurrenten werden? Liebe und Zuwendung, Spielsachen, Sportausrüstungen oder einfach nur bessere Schulnoten als Schwester oder Bruder? Die Gründe sind vielfältig und erstrecken sich auf materielle wie immaterielle Dinge, die kaum alle gerecht verteilt werden können, sodass jede Konkurrenzsituation vermieden würde.

Wer dabei ständig seine Geschwister auf der Pelle sitzen hat, wird leicht aggressiv und kann irgendwann seine jüngeren und älteren Mitbewohner nicht mehr sehen. Wie Carl Hilty sagte: »Der Friede ist stets nur um Haaresbreite vom Krieg entfernt«. Darum warten Sie nicht so lange, bis der Frieden kippt. Versuchen Sie, jedem Kind eigenen Freiraum sowie eigene Möglichkeiten zur persönlichen Entfaltung zu schaffen.

Jedem sein Steckenpferd

Wer es schafft, seine Kinder für verschiedene Dinge zu interessieren, wird auch zu Hause weniger Konkurrenzkampf spüren als bei Kindern, die alle dieselben Hobbys haben und sich so stets vergleichen können bzw. müssen. Etwas Wettbewerb ist zwar durchaus wünschenswert, um sich gegenseitig zu motivieren, wenn aber vier von vier Kindern die gleiche Schule besuchen, das gleiche Hobby und die gleichen Freunde haben, ist klar, dass subjektiv einer zum »Verlierer der Familie« auf mindestens einem Gebiet wird. Sind es mehrere Lebensbereiche, in denen er den anderen unterliegt, ist der Frust vorprogrammiert. Für manche Kinder zieht sich diese selbst angenommene Versagerrolle bis ins Erwachsenenalter und ist dann kaum noch kontrollierbar. Deshalb ist es gerade bei gleichgeschlechtlichen Geschwistern von Bedeutung, dass sie sich auf verschiedenen Gebieten bewähren können, ohne dem Vergleich des Bruders oder der Schwester standhalten zu müssen. Jeder soll sein eigenes Steckenpferd haben, bei dem er allein glänzen kann. So können die Geschwister einander neidlos zu einem Pokal oder Preis gratulieren, den der andere bei einem Wettbewerb gewonnen hat.

Schulnoten sind wiederum ein spezielles Thema. Auch wenn Eltern nicht offen vergleichen, was sie selbstverständlich auf keinen Fall tun sollten, messen sich Kinder untereinander und wissen sehr genau, wie es um die Stärken und Schwächen des anderen bestellt ist. Gerade bessere Schüler reiten dann mit Vorliebe auf den schlechten Zensuren des Geschwisterkindes herum. Da hilft nur gutes Zusprechen und das Deutlichmachen, dass jeder Schwächen auf bestimmten Gebieten hat. Es ist keine Schande, unbegabt in Mathe zu sein und mit Mühe und Not eine Vier nach Hause zu bringen, wo die Schwester mit links eine Eins schafft.

Aufmerksamkeit ritualisieren

Ältere Kinder fühlen sich oft benachteiligt, weil ständig die Kleinen im Mittelpunkt stehen und man mehr Verständnis und Reife von ihnen erwartet. Wenn die Großen den Erwartungen der Eltern nicht gerecht werden, gibt es schon mal Ärger. Versuchen Sie mit Ihrer Enttäuschung gelassen umzugehen und denken Sie daran, dass auch das ältere Kind noch viel lernen muss. Es ist oft nicht leicht, plötzlich das kleine Geschwisterchen auf Papas Schoß zu sehen, wo man bis vor einigen Jahren selbst noch Alleinherrscher war.

Gehen Sie an die Dinge mit Humor heran und erzählen Sie dem Älteren, was das Kleinere wieder angerichtet hat und was der Größere früher schon für Unsinn gemacht hat. Zeigen Sie Verständnis für seine Situation und berichten auch Sie von Ihren eigenen Kindheitserlebnissen, Ihrer Eifersucht und dem Blödsinn, den Sie angestellt haben. So nehmen Sie die Brisanz zwischen den Kindern und lenken den Fokus auf sich. Beziehen Sie Ihre Älteren mit ein in die Fürsorge für das Kleinere. Sonst bekommen sie das Gefühl, dass sich alles nur noch um das Kleinere dreht, ein Kreis, aus dem sie selbst nun ausgeschlossen sind.

Honorieren und belohnen Sie die Geduld und das Zurückstecken Ihrer Ältesten. Dass Sie in der Alltagshektik gar keine andere Wahl haben, als Ihre Zeit hauptsächlich dem noch recht hilflosen Baby oder Kleinkind zu widmen, ist verständlich. Doch es ist nicht selbstverständlich, dass die älteren Geschwister diesen »Abstieg« in der Hierarchie auch verstehen, geschweige denn gut verkraften. Oftmals entwickeln sie auffällige und leider häufig auch negative Verhaltensweisen, um die Aufmerksamkeit wieder auf sich zu lenken. Versuchen Sie dem vorzubeugen, indem Sie Ihre Ältesten regelmäßig loben und auch vor anderen Verwandten und Freunden Ihre »Großen« voller Stolz präsentieren. Oft finden sich die Kinder so in der Rolle der Älteren besser ein und sind stolz auf Ihre Beschützerrolle.

Zusätzlich ist es essenziell, regelmäßig Aufmerksamkeitszeiten nur für den großen Bruder oder die große Schwester zu ritualisieren. Geben Sie ihrem Ältesten einen Zeitraum, in dem Sie sich ausschließlich nur um ihn/sie kümmern und miteinander spielen, sich vorlesen oder reden. Ob eine halbe Stunde pro Tag oder zweimal in der Woche zwei Stunden hängt von der Familiensituation und vom Alter der Kinder ab. Bewährt hat sich: Lieber kürzer, aber öfter. Das Kind soll in dieser Zeit zu seinem exklusiven Recht kommen, Mama oder Papa ganz für sich zu haben. Auch wenn das Baby währenddessen unten in Papas oder Mamas Armen schreit, versuchen Sie, nicht sofort hinzuspringen. Setzen Sie das Signal, dass es jetzt ganz allein um das ältere Geschwisterchen geht. In solchen Momenten wird es sie erwartungsvoll anblicken, um zu sehen, ob Sie jetzt wieder alles stehen und liegen lassen, um dem Nesthäkchen beizustehen. Wenn Sie dann dennoch dort bleiben und sich weiter aufmerksam mit ihm beschäftigen, wird es das Gefühl, weniger wichtig zu sein, bald verlieren.

Man kann außerdem einmal im Monat ein Familienabendessen einem Kind widmen. An diesem Abend ist es Regisseur und darf sich sein Lieblingsessen wünschen, Spiele entscheiden und erzählen, so viel es will. An diesem Abend hören die Geschwister und Eltern einmal nur ihm zu. Es steht dabei so im Mittelpunkt wie vielleicht sonst nur an seinem Geburtstag. Dieses Ritual ist auch wöchentlich denkbar. Vielleicht bleibt auch für Mutter und Vater noch ein Abend übrig, sodass jeder einmal die Möglichkeit erhält, ungeteilte Aufmerksamkeit zu erhalten. Gerade bei mehreren Kindern oder Zwillingen ist es für die Kinder besonders wichtig, nicht immer um Gehör und Aufmerksamkeit kämpfen zu müssen.

Meins, meins, meins – Rituale des Teilens

Doch nicht nur die Aufmerksamkeit der Eltern muss geteilt werden, sondern auch manch andere Dinge wie Spielsachen oder Geschenke. Der Großteil der Kinder ist sehr besitzergreifend, will selten teilen, aber alles haben. Das gibt sich im Laufe der Zeit und mit zunehmendem Alter. Manch ein Kind sitzt mit zwei Eimern im Sandkasten und ist selbst unter Strafandrohung oder durch nettes Bitten keinesfalls bereit, einen Eimer abzugeben. Was ist das für ein Charakterzug? Meist gar keiner, sondern bloß eine Phase, die zur ganz normalen Entwicklung gehört. Moral ist nicht angeboren, es ist eine erworbene Leistung und Kunst, die der eine mehr, der andere weniger beherrscht. Das Haben- und Behaltenwollen ist wichtig und gehört zur Überlebensstrategie der Menschen. Kinder sind im Alter von eineinhalb bis drei Jahren Egozentriker und kreisen auch später noch stark um sich selbst. Das ist ihre Art, um sich und die Welt zu verstehen. Fair teilen kann ein Dreijähriger normalerweise noch nicht.

Gerade unter Geschwistern ist es daher wichtig, dass die Eltern Teilen und Gerechtigkeit vorleben. Das Teilen lernt der Nachwuchs ganz locker, wenn es die Eltern zulassen. Wer teilen will, muss auch besitzen. Spielzeuge haben ihren Eigentümer. Dieser darf darüber bestimmen und sie mit anderen Kindern teilen oder tauschen. Wer für alle Kinder einen Haufen Spielsachen kauft, verwirrt die Kinder und hat kaum Möglichkeit, Streits zu schlichten, weil ja selten ein Erwachsener genau sieht, wer was zuerst hatte.

Wer bereitwillig teilt, sollte auch belohnt werden. Wer sein Spielzeug teilt oder dem kleinen Geschwisterchen etwas weiterschenkt, bekommt eben auch wieder etwas Neues. Wenn das wahrgenommen wird, sind das Teilen und die Großzügigkeit innerhalb der Familie zum Ritual geworden.

Sie können auch kleine Rituale des Teilens einführen. So können Sie an einem bestimmten Abend in der Woche oder im Monat immer einem Kind eine Kleinigkeit zum Naschen mit nach Hause bringen. Das kann eine Tüte Bonbons oder Gummibärchen oder eine Tafel Schokolade sein. Über diese Süßigkeiten darf es dann ganz allein verfügen. Machen Sie jedoch bei der Einführung dieses Rituals deutlich, dass alle viel öfter etwas davon hätten, wenn der Beschenkte, der gerade »dran« ist, seine Schätze teilen würde. Denn dann würde es für alle Kinder jede Woche einen Abend geben, an dem es etwas zu Naschen gibt. Dabei lernen Kinder auch, dass es sich auszahlt zu teilen, denn wenn sie das eine Mal mehr abgeben, bekommen sie das nächste Mal selbst mehr ab und umgekehrt.

Sie können auch kleine Rituale des Teilens in Ihrer Elternpartnerschaft vorleben. Geben Sie zum Beispiel beim Abendessen Ihrem Partner noch etwas von Ihrer Portion ab, wenn es sich um sein Lieblingsgericht handelt, und kommentieren Sie es dementsprechend. Das »Opfer« ist hier ein banales, aber es kommt auf die Geste an. Ziel ist auch, Kindern mit der Zeit klarzumachen, dass das Glück, jemand anderen eine Freude zu machen, oftmals intensiver ist als die Freude am eigenen Besitz.

Der Bär der Herzen

Bei Geschwisterstreiten unter kleineren Kindern können Sie manchmal auch spielerisch eingreifen und »Herrn Bär« als Vermittler einsetzen: ein Teddybär, eine Handpuppe oder ein Kuscheltier, das von allen als Anwalt, Freund, Berater und stiller Beobachter akzeptiert wird. Er sagt mit wackelndem Kopf Versöhnliches, bringt Unangenehmes zur Sprache, tröstet oder bringt zum Lachen. Er kommt als Versöhner zum Einsatz, wenn die Eltern sich bei kleinerem Zwist nicht direkt einmischen und die Situation erst mal entschärfen wollen. Herr Bär darf beim Essen am Tisch sitzen und hat auch sonst seinen festen Platz in der Familie. Außerdem ist er ein pflegeleichter Hausgenosse. Er isst nichts, macht nichts schmutzig und spricht nur, wenn ihn jemand dazu animiert. Er kann auch direkt als Fürsprecher eines Kindes auftreten und es kann dann durch seinen Mund Dinge sagen, die es sonst nicht direkt aussprechen könnte oder möchte.

Wenn sich ein Kind ungerecht behandelt fühlt, kann es durch den Bären viel klarer sagen, was ihm Unfaires widerfahren ist. Wenn Streite und Diskussionen bereits ad absurdum geführt werden und keiner den Anfang zum Einlenken machen möchte, dann springt Herr Bär ein. Er ist weise und weiß immer Rat. Mürrische Kinder mit schlechter Laune kann er wieder zum Lachen bringen und auch bei älteren Kindern und Eltern kann er, wenn er zart dosiert eingesetzt wird, hilfreich die Augen öffnen.

Der Wahrheit auf der Spur

> Wer durchs Zwiebelfeld geht,
> riecht danach.
>
> *Arabisches Sprichwort*

Alles, was wir mit dem Partner oder der Familie nicht teilen können, macht uns einsamer.

Echte, schwerwiegende Geheimnisse verändern das Zusammensein innerhalb der Familie, und auch die Partnerschaft leidet unter Unausgesprochenem. Die ganze Familie kann unter der Last aus Geheimnissen oder vertuschten Problemen zerbrechen. Eigentlich wünschen wir uns jemanden, dem wir alles sagen können und der uns so nimmt, wie wir sind. Doch manche Wahrheiten sind schwer auszusprechen und einzugestehen.

Es ist gerade bei Kindern wichtig, das Gefühl zu vermitteln, dass sie mit allen Sorgen und Dingen, die sie angestellt haben, zu den Eltern kommen können. Das gibt ihnen Sicherheit und Geborgenheit und verhindert »Bomben«, die platzen, wenn es schon zu spät ist.

Wer die Wahrheit gelassen aufnimmt, dem wird sie auch eher anvertraut. Versuchen Sie daher auch bei Hiobsbotschaften erst mal gefasst zu bleiben. Außerdem brauchen Kinder Lob, wenn Sie etwas beichten oder erzählen – genauso wie Erwachsene übrigens auch. Wer Angst hat oder sich unverstanden fühlt, wird nichts preisgeben, sondern seine Version der Wahrheit an die Erwartungen der Eltern oder des Partners anpassen.

Was aber tun, wenn zwei Kinder etwas ganz anderes erzählen und Sie zum Streitschlichter auserkoren haben? Wem glauben Sie nun? Auch wenn Sie keinen Streit zu schlichten haben, wurmt es Sie sicher, dass einer der Streithähne anscheinend die Unwahrheit spricht.

Sprechen Sie mit beiden Parteien und sagen Sie deutlich, dass Sie Lügen nicht ausstehen können, dass es sie wütend und traurig macht, dass Sie sich auf einen schönen Abend gefreut haben und nun keine Lust mehr haben, irgendetwas zu spielen, weil Sie enttäuscht sind. Bitten Sie jeden Einzelnen, Ihnen die Wahrheit zu sagen, da Sie selbst die Wahrheit nicht kennen.

Geständnisritual

»Ein schlechtes Gewissen ist wie ein Haar im Mund« – das hat schon Mark Twain zu Recht festgestellt und deshalb ist es zu empfehlen, ein Geständnisritual für die ganze Familie einzuführen. Es kann immer dann abgehalten werden, wenn Sie den Eindruck haben, dass etwas in Ihrer Familie brodelt, eines Ihrer Kinder ein bedrückendes Geheimnis mit sich herumschleppt oder sogar darum bittet. Jedenfalls sollten Sie es alle zwei bis drei Monate abhalten, um das Familienleben regelmäßig von Heimlichtuerein zu bereinigen.

Dabei kommen alle zusammen und die wichtigste Regel bei diesem Ritual ist, dass keine direkte Standpauke als Reaktion auf ein Geständnis folgt. Während des Rituals wird Ruhe bewahrt und dem Geständigen zugehört, bis er mit all seinen Erklärungen fertig ist. Alle Familienmitglieder wissen, dass unter Umständen sehr Unangenehmes den Weg zu ihnen findet. Deshalb ist es wichtig, das Ritual ganz klar mit einem Einführungssatz einzuläuten und ganz klar auch wieder zu beenden. Sie können es beginnen, indem sich alle auf den Boden in einen Kreis setzen und sich bei den Händen nehmen. Wenn Sie wollen, sprechen Sie einen einleitenden Satz oder ein einleitendes Gebet, in dem Sie um Geduld, Verständnis und die Kraft bitten, mit schwierigen oder enttäuschenden Neuigkeiten umzugehen. Sagen Sie sich gegenseitig zu diesem Zeitpunkt noch mal, dass Sie eine Familie sind, die gemeinsam stark ist und alles zusammen schaffen kann.

Mancher Teenager mag ein solches Ritual vielleicht peinlich oder uncool finden, letztlich gibt es jedoch gerade ihnen in einem Alter, in dem so einiges vor den Eltern geheim gehalten wird, die Möglichkeit, bestimmte unangenehme Wahrheiten in einem sicheren, konstruktiven Rahmen loszuwerden. Sei es, dass die Schulnoten vielleicht nicht zum Vorrücken in die nächste Klasse reichen werden oder dass man Mamas Lieblingsring, den diese schon seit Tagen sucht, heimlich ausgeliehen und verloren hat. Gemeinsam können Sie dann über eine Lösung oder ein weiteres Vorgehen beraten.

Wichtig: Hier steht nicht die direkte Konsequenz oder Bestrafung im Mittelpunkt, sondern es geht um das gemeinsame Bemühen, einen Weg zu finden, die schwierige Situation zu meistern. So wird die »Beichte« zu einem konstruktiven Erlebnis, aus dem alle befreit und mit einem bestimmten Plan für die Zukunft herausgehen. Was die Bestrafung betrifft, so sagen Sie Ihren Lieben ganz ruhig und bestimmt, dass ihr Verhalten auch Konsequenzen haben muss und Sie als Eltern gemeinsam darüber beraten werden. Sie können Ihre Kinder auch selbst fragen, was für eine Strafe bzw. Handlung zur Wiedergutmachung sie sich selbst auferlegen würden. Somit erkennen Sie auch, wie groß die Reue ist bzw. ob das Kind die Tragweite seines Verhaltens überhaupt begriffen hat.

Wenn alle ihren Ballast abgeworfen haben, ist eine gemeinsame Handlung schön, die symbolisiert, dass die mitgeschleppten Geheimnisse und »Vergehen« nun bereinigt sind und keine Macht mehr über die Familie haben.

Schreiben Sie die gelüfteten Geheimnisse auf kleine Zettel und verbrennen Sie sie gemeinsam im Kamin oder in einer feuerfesten Schale. Fassen Sie sich bei den Händen, während Sie zusehen, wie all das Negative verbrennt, und signalisieren Sie sich gegenseitig, dass Sie vielleicht aufgewühlt sind, aber jetzt, wo alle Karten offen auf dem Tisch liegen, einen gemeinsamen Weg finden und sich verzeihen werden. Das Feuer signalisiert dabei nicht nur die Auflösung der Geheimnisse, sondern auch Licht und Wärme, die in das kalte Dunkel von Verheimlichungen, schlechtem Gewissen und Einsamkeit zurückkehren.

Wenn Sie wollen, kochen Sie danach für die ganze Familie noch einen Kakao und ziehen sich dann am besten etwas zurück, damit jeder die mitunter aufwühlenden Neuigkeiten in Ruhe verdauen kann. Sie können sich dann mit Ihrem Partner zurückziehen und beraten, was zu tun ist.

Für Geständnisse der Eltern untereinander, die Ihre Liebesbeziehung betrifft, ist dieses Ritual natürlich nur ohne die Kinder geeignet. Kinder sollten unbedingt unbehelligt von den Beziehungsproblemen ihrer Eltern aufwachsen.

Familienmeeting

Um regelmäßig zu erfahren, wo der Schuh in der Familie drückt und immer auf dem Laufenden zu sein, sollten Sie regelmäßig ein Familienmeeting abhalten. Vereinbaren Sie einen festen Termin einmal alle zwei Monate, bei dem Sie über positive wie negative Dinge, die Ihr Familienleben betreffen, sprechen. Ritualisieren Sie so den Austausch innerhalb der Familie und vermitteln Sie auch Ihren Jüngsten, dass bei dem Projekt »glückliches Familienleben« alle zusammen an einem Strang ziehen müssen.

Platzen Sie nicht zwischen Tür und Angel mit Ihrer schlechten Laune, Ihren Wünschen oder Anregungen heraus, sondern geben Sie diesen Dingen einen Rahmen und einen Zeitraum, in dem Sie sich der Aufmerksamkeit und Ernsthaftigkeit aller Familienmitglieder sicher sein können. Berufen Sie bei dringenden Angelegenheiten ein kurzfristiges Familienmeeting ein, sodass sich die anderen darauf einstellen können. Achten Sie darauf, dass ein Familienmeeting nur ungefähr eine Stunde dauert und der Ablauf immer halbwegs gleich bleibt. So verhindern Sie ausufernde Diskussionen und jeder Teilnehmer weiß genau, was ihn erwartet. Damit auch über positive und zielorientierte Aspekte gesprochen werden kann, kann vorab jedes Familienmitglied für sich nachfolgenden Fragebogen schon mal teilweise ausfüllen und dann beim Meeting vorlesen.

Familien-Meeting am ....

A) Themenauswahl (Tagespunkt(e)):
    1. _____
    2. _____
    3. _____
    4. _____

B) Was gefällt mir an unserer Familie?
    1. _____
    2. _____
    3. _____

C) Was gefällt manchen Familienmitgliedern wahrscheinlich nicht an mir?
    1. _____
    2. _____
    3. _____

D) Was möchte ich an mir ändern, damit sich alle
wohler fühlen?
    1. _____
    2. _____
    3. _____

E) Was stört mich an unserer Familie?
    1. _____
    2. _____
    3. _____

F) Was soll meiner Ansicht nach ganz konkret geän-
dert werden:
    1. _____
    2. _____
    3. _____

G) Sonstiges

    1. _____

    2. _____

    3. _____

H) Familienziele

    1. _____

    2. _____

    3. _____

I) Meine persönlichen Ziele

    1. _____

    2. _____

    3. _____

J) Meine persönlichen Probleme

    1. _____

    2. _____

    3. _____

K) Ich brauche Unterstützung bei

    1. _____

    2. _____

    3. _____

L) To-do-Liste für .... zu erledigen bis ....

    1. _____

    2. _____

    3. _____

M) Termin für das nächste Meeting: ....

Finanzen für Groß und Klein

> Besitz ist notwendig. Aber es ist nicht
> notwendig, dass er immer in denselben
> Händen bleibt.
>
> *Gourmont*

Was haben Finanzen mit Ritualen zu tun? Finanzielle Klarheit bietet eine gute Grundlage für Rituale im Beziehungs- und Familienleben. Rituale wiederum können helfen, diese zu schaffen. Verständigungsschwierigkeiten entstehen oft beim Thema Geld. Deshalb sollte ein verantwortungsvoller, bewusster Umgang mit Geld ritualisiert werden. Was bringen die schönsten Rituale, wenn die Basis nicht stimmt? Wer sich jeden Tag aufs Neue überlegen muss, ob und was er ausgeben kann und ob er die neue Hose vom gemeinsamen Konto bezahlen darf oder die Bio-Nudeln dem Partner nun zu teuer sind, lebt in ständiger Unsicherheit. Wir möchten geradeheraus wissen, wie wir täglich vorgehen können. Auch in den besten Beziehungen ist das Geld immer wieder Anstoß zu neuen Überlegungen. Wer hat nun das meiste verdient und wer gibt es aus? Für was wird das Geld ausgegeben? Wie viel sind die Hausarbeit und Kinderversorgung wert?

Überlegen Sie sich Rituale, die zu Ihren Finanzmöglichkeiten passen. Das Erste und Wichtigste ist dabei der Kassensturz. Er sollte regelmäßig durchgeführt werden und sorgt für Klarheit bei den Einnahmen und Ausgaben.

Ritual Kassensturz

Treffen Sie sich ein- bis zweimal im Jahr zu diesem nicht allzu romantischen Ritual, das Sie aber trotzdem schön gestalten können. Dieses Elternritual fängt gut an, wenn Sie gemeinsam schätzen, wie Ihre Finanzlage aussieht. Beide notieren

Eckdaten. Wer mit seiner Schätzung am nächsten dran ist, wird zum Finanzboss bestellt. Dieser ist ab sofort für alle Taschengelderhöhungen oder andere Finanzanliegen zuständig. Alle Einnahmen wie Gehälter, Zinseinnahmen und Sonstiges sollten auf das gemeinsame Familienkonto laufen. Wenn die Gesamtsumme klar ist, geht es an die Aufstellung der Ausgaben.

Wer das Kind sozial und finanziell in den Mittelpunkt stellt, liegt nicht falsch. Zunächst stellen Sie die Ausgaben der Kinder wie Taschengeld, Schule und entsprechendes Material, Kurse wie Sport, Musik, Freizeit- und Urlaubsaktivitäten, Kleidung, Fahrrad, Geschenke, Betreuungskosten etc. zusammen. Die Kosten für die aufgeführten Punkte sind somit bereits nicht mehr für die Erwachsenen verfügbar und schmälern die Habenseite und das Familienkonto.

Weiter geht es mit den Kosten, die für die Erwachsenen anfallen, wenn sie zusammen wohnen, wie Miet- oder Kreditratenanteil und Versicherungen. Alle sonstigen gemeinsamen Kosten für Telefon, Strom und gegebenenfalls das gemeinsame Auto werden ebenfalls abgezogen. Urlaubs- und Freizeitkosten können Sie meist nur schätzen. Wenn Sie sich nicht bereits im Minus befinden, können Sie diesen geschätzten Betrag hinzufügen.

Der restliche Betrag, der nach allen Abzügen übrig bleibt, wird durch zwei geteilt und jeder Elternteil erhält die Hälfte auf sein eigenes Konto. Eine monatliche Überweisung ist dabei sinnvoll. Es ist nicht ganz einfach, wirklich alle Posten detailliert auseinanderzudividieren, aber Sie erhalten einen wichtigen Überblick über sämtliche Einnahmen und Ausgaben. Der Geldfluss, der durch die Hände und Konten einer Familie rinnt, ist nicht immer leicht nachzuverfolgen.

Auf dieser Basis können Sie guten Gewissens richtig schöne Paarrituale leben, sich verwöhnen und romantisch zum Essen einladen, hübsche Geschenke besorgen – oder sich selbst einmal etwas Gutes tun.

Dieses Dreikontenmodell aus Familienkonto und jeweiligen Paarkonten eignet sich für Familien, die gerne klare und faire Verhältnisse haben, über ihr privates Geld verfügen möchten und einen entspannten Umgang mit den Finanzen ritualisieren wollen

Taschengeldrituale

Wenn die Kinder schon älter sind, können Sie das so genannte Dreikonten- oder Familienkontenmodell durch Kinderkonten erweitern. Jedes Kind bekommt zusätzlich ein eigenes Konto, das Sie mit ein wenig Startguthaben ausstatten können, sodass der Grundstein zum Sparen schon gelegt ist. Auf das Kinderkonto fließen regelmäßig die Einnahmen des Teenagers sowie erweitertes Taschengeld für Hobby, Kleidung, Kino, Ausgehen, Friseur, Schulsachen etc. Mit einem eigenen Konto bereiten Sie den Teenager auf die realen Bedingungen eines eigenständigen Lebens mit finanzbewussten Ritualen vor. Das Kind hat die Möglichkeit, den Ernstfall zu proben und sich einen Überblick über die laufenden Kosten zu verschaffen. Kleinere Kinder ziehen einen verheißungsvoll klimpernden Schatz aus Münzen schnöden Bankauszügen natürlich vor.

Wichtig ist, dass Sie das Auszahlen des Taschengeldes ritualisieren und dabei feste Regeln einhalten. Vermeiden Sie es, den Kindern das Geld unpünktlich oder nebenbei zu geben, so nach dem Motto »Nimm es dir selbst aus meinem Geldbeutel«. Die Übergabe des Taschengeldes soll ruhig mit Ernst und ein ganz klein wenig Feierlichkeit stattfinden, denn dann wird es auch nicht so leichtfertig wieder ausgegeben. Keinesfalls sollte der Eindruck entstehen, das Geld sei wie »Peanuts« für Sie, die Sie mal eben aus dem Portemonnaie schütteln.

Bei einem kleineren Kind können Sie die Münzen ganz feierlich einzeln in seine persönliche, vielleicht sogar selbst bemalte und beklebte Spardose werfen und danach kurz mit ihm besprechen, was es denn mit dem Geld vorhat. Versuchen Sie, sich in Sachen Ausgaben nicht einzumischen, auch wenn kleine Kinder das gesamte Geld zunächst nur in Süßigkeiten oder irgendwelchen scheinbaren Blödsinn stecken. Kinder müssen selbst die Lektionen von Fehlkäufen lernen und den Wert langfristiger Anschaffungen begreifen. Sie können allerdings mit ihnen darüber sprechen, dass sie sich größere Wünsche erfüllen könnten, wenn sie regelmäßig etwas sparen würden. Sie können für bestimmte Wünsche mit ihnen sogar ein besonderes Sparschwein basteln, in das immer ein Teil des Taschengelds fließt und das dann geschlachtet wird, wenn genug Geld zusammengekommen ist. Das können Sie dann in einer feierlichen Zeremonie mit einem Hammer zerschlagen, was an sich bei kleineren Kindern schon für Freude sorgt, und dann gemeinsam das gewünschte Spielzeug kaufen gehen.

Fowl-Kasse

Für manche vielleicht ein alter Hut, hat sich die Regelverstoßkasse bewährt und kann auch Eltern empfindlich treffen.

Ein guter Umgang ist inner- sowie außerhalb der Familie für eine angenehme Atmosphäre wichtig. Um den Erhalt und die Ritualisierung guter Umgangsformen zu unterstützen, gibt es verschiedene Möglichkeiten. Sollte sich ein Familienmitglied danebenbenehmen oder Schimpfwörter gebrauchen, schmatzen oder sich anderen Unarten hingeben, muss es einen festzulegenden Betrag in die Fluch-, Motz- oder Regelverstoßkasse zahlen. Die Regeln sowie die Beträge werden gemeinsam festgelegt und gelten natürlich ausnahmslos auch für die Eltern. Alter und Taschengeldhöhe finden Berücksichtigung bei der Betragshöhe. Damit das Ritual noch einen positiven Nebeneffekt und weiteren Anreiz bietet, wird der Inhalt der Kasse für Neuanschaffungen, Ausflüge und als Urlaubskasse verwendet. Wofür das Geld genau ausgegeben wird, entscheiden Sie gemeinsam.

Glückskasse

Wem die Fowl-Kasse nicht genügt oder gefällt, für den klingelt die Kasse nun bei positiven Ereignissen. Für jeden wird notiert, bei welchem Ereignis er wie viel in die Glückskasse zahlt. Jeder darf den Grund selbst bestimmen. Wenn Sie zum Beispiel endlich einmal 5 kg abnehmen, zahlen Sie vor lauter Freude 20 Euro in die Kasse, oder wenn Ihr Sohn endlich seinen Lieblingssportlehrer bekommt, findet er das so klasse, dass ihm das einen Euro wert wäre. Dieses Geld wird dann ebenfalls gemeinsam ausgegeben für ein opulentes Eisessen oder einen Ausflug. Sie können sich aber auch entscheiden, Ihr Glück nicht nur mit der Familie, sondern auch mit dem Rest der Welt zu teilen und den Inhalt der Glückskasse am Ende des Jahres für eine gemeinsam ausgewählte Hilfsorganisation zu spenden.

Familienbuchhaltung

Über einen begrenzten Zeitraum von mehreren Monaten können Sie eine Familienbuchhaltung führen. Die täglichen Ausgaben für alle werden dort festgehalten. Auch die Kinder werden einbezogen. An einem festgelegten Zeitpunkt, am besten abends, legt jeder seine Belege vor oder teilt kurz seine Ausgaben des Tages mit. Diese werden im Buchhaltungsjournal festgehalten. So ritualisieren Sie das Bewusstwerden der Ausgaben über den Tag hinweg. Außerdem sehen Sie so schnell, wer das Geld-zum-Fenster-Hinauswerfen ritualisiert hat.

Aufmerksamkeiten und Geschenke

Man muss sein Glück teilen,
um es zu multiplizieren.

Marie von Ebner-Eschenbach

Wie findet man das beste Geschenk für den Nachwuchs oder für den Partner?

Verfassen Sie gemeinsam Wunschlisten und hängen Sie diese in der Küche aus. Für jedes Kind und jeden Erwachsenen hängt eine Wunschliste aus, in die man immer wieder eintragen kann, was man sich wünscht. Die Wünsche können materieller und immaterieller Art sein.

Auch wenn die Geschenkliste vom Gameboy bis zum Playmobilzoo alles hergibt, freuen sich die Kleinen oft über einen gemeinsamen Ausflug oder Urlaub mehr als über Spielzeug, das nach wenigen Tagen unter den anderen Spielsachen verschwindet.

Gutscheine über tolle Aktivitäten oder Schwimmbadkarten, Eintrittskarten für den Freizeitpark, Urlaub auf dem Reiterhof oder bei den Großeltern sind eine schöne Alternative zum schnöden Plastikspielzeug. Auch Abos für Kinder-, Lern-, Spiel- und Bastelzeitschriften sind nützliche Geschenke für Ihren Nachwuchs. Bringen Sie Ihren Kindern öfter mal etwas mit. Keine Süßigkeiten, sondern zum Beispiel einen Gutschein für einen Schnupperkurs, eine Bootsfahrt, für das Kindermuseum, einen Friseurtermin, eine neue Hose, für ein Musikinstrument oder ähnliches. Verbinden Sie das Angenehme mit dem Nützlichen. Ihre zugegebenermaßen praktischen Vorschläge verpacken Sie als Geschenk und als Angebote, die von Ihrem Kind genutzt werden können, aber nicht müssen.

Reines Spielzeug ist wichtig, sollte aber nur einen kleinen Teil der gesamten Geschenke ausmachen. Meist landet es sowieso nur auf dem restlichen Berg von Spielsachen. Geschenke sollten sinnvoll und nützlich sein und natürlich Spaß machen. Wenn die Kinder älter sind, freuen sie sich sicher auch über eine Teenie-Party zum Geburtstag oder zu Silvester.

Bei den Erwachsenen ist es weitaus schwieriger, das passende Geschenk zum rechten Augenblick zu finden. Weiterbildungs-, Entspannungs-, Sport- und Schönheitsgutscheine sind hier an der richtigen Stelle. Ein gemeinsames Abendessen und ein freier Tag für Sie beide als Paar sind nie das verkehrte Geschenk und romantisch wie praktisch zugleich. Wenn die Kasse für Extratouren wenig hergibt, schenken Sie sich lieber einen besonderen Tag zu zweit, den Babysitterbetrag, einen Wellness-Tag oder Ähnliches. Wünschen Sie sich auch von Verwandten Babysitterdienste. Besser Sie sagen, was Sie sich wünschen, als das nächste ungelesene Buch ins überfüllte Regal zu stellen.

Schenken heißt nicht, den Geldbeutel zu öffnen, um etwas zu kaufen, was man sieht und einigermaßen passend findet. Schenken heißt, Freude erzeugen, ein Lächeln erhaschen, ein Strahlen auf das Gesicht der oder des Liebsten zu zaubern. Schenken fängt im Herzen an und klopft an die Seelentür des Empfängers. Schenken ist das Ergebnis ständiger Aufmerksamkeit und Präsenz. Eine auf eine Lebenssituation zugeschnittene Gabe ist nichts, was nach Feierabend noch kurz vor Ladenschluss erworben wird, indem die Verkäuferin dem völlig willenlosen Kunden ein Tütchen in die Hand drückt.

Für Liebende ist Schenken pure Freude. Im bewussten Erleben des Partners weiß man entweder um seine Wünsche, Bedürfnisse und Zukunftspläne oder weckt mit einem bestimmten Geschenk eine Phantasie oder Lust an etwas Neuem.

Nutzen Sie die Gunst der Stunde und feiern Sie die Feste so, wie sie fallen. Im Jahreslauf gibt es einiges zu feiern. Suchen Sie sich für jeden Monat ein Fest aus, das Sie feiern möchten. Geburtstage, Namenstage, Ostern, Erntedankfest, Nikolaus, Weihnachten, Jahrestage, Kindergarten-, Schulabschluss etc. Nutzen Sie diese Anlässe, um einander eine Freude zu machen. Selbst kleine Geschenke, die der andere aber gerade braucht oder gern hätte, bezeugen Ihre Aufmerksamkeit und Liebe dem anderen gegenüber.

Am meisten freut man sich über unerwartete Geschenke, die einem völlig ohne jeden Anlass gemacht werden, einfach, um einem die Freude zu machen. Ritualisieren Sie für sich, ab und an Ihren Lieben solche kleinen Freuden ohne Anlass zu machen. Sie werden sehen, die Freude wird größer sein als über ein großes, aber erwartetes Geschenk unterm Weihnachtsbaum.

Briefe vom Nikolaus und vom Christkind

Gerade die Weihnachtszeit ist geprägt von der Idee des Wünschens und Schenkens und wird nicht zuletzt deshalb von Kindern so heiß herbeigesehnt. Schenken Sie Ihren Lieben, neben den üblichen Gaben, auch etwas anderes: Wertvolle Erinnerungen, die sie in ihren Herzen bewahren werden, wenn die frisch ausgepackten Geschenke längst vergessen sind.

Zum Nikolaustag und/oder Weihnachten können Sie Ihren Kindern und Ihrem Partner einen persönlichen Brief vom St. Nikolaus oder dem Christkind schreiben. Hier können Sie positive Entwicklungen und gute Taten der einzelnen Familienmitglieder im vergangenen Jahr loben und auch Verbesserungswürdiges niederschreiben. Schreiben Sie den Brief wohlwollend und achten Sie darauf, dass er mehr Positives als Negatives enthält. Sie können beispielsweise zum Nikolaustag einen Familienbrief schreiben, in dem jedes Familienmitglied erwähnt wird:

Beispiel:

Lieber Jonas,
Du hast eine tolle Familie und bist ein lieber großer Bruder für Deine Schwester Sofie. Obwohl Du Sie manchmal ärgerst, hat Sie Dich sehr lieb. Deine Hausaufgaben

könntest Du etwas sorgfältiger machen, auch Dein Zimmer solltest Du besser aufräumen, rechnen kannst Du aber schon prima und hilfst viel im Haushalt, auch für Euren Hund Stoffl sorgst Du sehr gut. Liebe Sofie, ... Liebe Mama, ... Lieber Papa, ...

Euer Nikolaus

Diesen Brief können Sie dann in gemeinsamer Runde bei Plätzchen vorlesen, und danach dürfen alle in ihrem Strumpf nach ihren kleinen Geschenken und Süßigkeiten wühlen. Formulieren Sie die Kritik witzig, sodass alle in diesem stimmungsvollen Rahmen beim Adventskranz darüber lachen können. Dennoch konnten Sie bei diesem stimmungsvollen Nikolausritual Ihren Lieben zeigen, wo Änderungen wünschenswert wären.

Zu Weihnachten können Sie ganz persönliche Briefe vom Christkind an jeden Einzelnen schreiben. Dieses kleine Briefritual, in dem Sie noch einmal alle persönlichen Fortschritte und Fehltritte des zurückliegenden Jahres liebevoll ansprechen, dokumentiert nach mehreren Jahren auf einzigartige und wundervolle Weise Ihr Familienleben und die Entwicklung Ihrer Kinder. Vergessen Sie nicht zu schreiben, wie lieb Sie Ihre Kinder haben und welche Taten und Eigenschaften Sie besonders stolz gemacht haben. Ob Kleinkind oder Backfisch – solche Briefe sind Balsam für jede Kinderseele und ein schönes Ritual, bei dem auch Sie selbst Bilanz über das vergangene Jahr ziehen können. Freilich können Sie dieses Ritual auch als persönlichen Brief der Eltern an das Geburtstagskind schreiben. Das bleibt alles Ihren Vorlieben überlassen.

Heben Sie sich selbst auch eine Kopie davon auf. Eines Tages, wenn Ihre Kinder selbst Eltern sind, können Sie Ihnen in einem Album noch einmal alle Briefe schenken und sie dann gemeinsam durchgehen.

Schätzeliste und Adventskalender

Was kann unser Kind gut?
Zur Stärkung des Selbstbewusstseins ist es wichtig, den Kindern zu zeigen, wie sehr sie geliebt werden. Erstellen Sie jedes halbe Jahr eine Liste mit Dingen, die Ihr Kind gut kann und die Sie besonders an ihm mögen. Schreiben Sie z. B. mit goldenem Stift auf, was es schon alles Tolles geleistet hat. Schenken Sie Ihrem Kind diese »Schätzeliste«. Sie können sie einrahmen und auch aufhängen. Kinder freuen sich riesig über solch »offizielle« Anerkennung, die sie wie eine Trophäe anfassen und an der Wand in Ihrem Kinderzimmer ausstellen können.

Das Gleiche können Sie auch für Ihren Partner, andere nahe stehende Personen und Freunde auch in Form eines Adventskalenders ritualisieren: Jeden Tag findet der Beschenkte in seinem Kalender einen schönen Satz, der sein Selbstbewusstsein stärkt und zeigt, wie sehr Sie ihn oder sie mögen und schätzen. Wenn Sie über das Jahr hinweg sammeln, kommen Sie leicht auf vierundzwanzig Aussagen, die einen Adventskalender füllen. Verlieren Sie sich jedoch dabei nicht in Allgemeinplätzen. Wenn Ihnen nichts wirklich Bedeutendes einfällt, platzieren Sie lieber noch ein kluges Zitat oder ein Stück Schokolade.

Die 4 NOs

> Wer barfuß geht, soll keine Dornen
> säen.
>
> *Niederländisches Sprichwort*

Konkurrenz belebt das Geschäft

Wer den Wettbewerb übertreibt und alles stets vergleicht, wird immer jemanden finden, der besser, klüger, hübscher, intelligenter, geschickter, reicher, smarter usw. ist. Ob unter Partnern oder Geschwistern: Sie sollten es vermeiden, Vergleiche zu ziehen. Aussagen wie: »Guck mal, der macht das aber toll. Warum machst du das nicht so?« sind sinnlos. Sie bringen den Angesprochenen höchstens dazu, noch weniger dem Idealbild zu entsprechen. Heben Sie die positiven Eigenschaften hervor und beschreiben Sie auch Züge Ihrer Familienmitglieder, die sie vielleicht bisher noch nicht gezeigt haben, als bereits existent. So spornen Sie an, ohne zu verletzen.

Alles in einer Person zu vereinen, ist unmöglich und muss auch nicht sein. Den einzigen Menschen, den Sie mit anderen oder selbst kreierten Idealen vergleichen dürfen, sind Sie selbst, wobei auch hier Vorsicht geboten ist.

Kleine Gemeinheiten ersparen den Streit

> Unüberhörbar ist vor allem das,
> was nicht gesagt worden ist.
>
> *Käthe Haack*

In der Beziehung zwischen Vater und Mutter, aber auch zwischen den Geschwistern herrschen manchmal wenig liebevolle Umgangsformen. Werden Machtkämpfe oder Streitigkeiten nicht offen ausgetragen, kommt es zu unterschwelligen, bewusst gesteuerten Bosheiten, die dem Gegenüber das Leben erschweren sollen. Meist sind solche Lieblosigkeiten erfolgreich und geben dem Empfänger ein richtig mieses Gefühl. Dieser wiederum versucht, sich Luft und Ausgleich zu verschaffen, und kontert mit einem mindestens ebenso miesen Gegenschlag. Die Entwicklung ist klar. Das Paar oder die Geschwister bestehen nur noch aus Opfer oder Täter, meist wechselseitig. Die Erwachsenen haben oft die perfideren Techniken, um ihren Partner zu piesacken, die Kinder die brutaleren.

Zwischen Eltern und Kindern kommen solche Gemeinheiten eigentlich nur dann vor, wenn sich ein Elternteil einem Kind unterlegen fühlt und den Überblick und die Souveränität verliert. Stellt es sich auf die Stufe des Kindes und kontert auf dem gleichen Niveau, verstricken sich die beiden in einen endlosen Machtkampf. Haben Gehässigkeit und Heimtücke erst einmal ihren festen Platz im Umgang gefunden, kann es nur noch Verlierer geben. Für Eltern gibt es Eltern- und Erziehungskurse, die bei Problemen helfen können und auch unbedingt in Anspruch genommen werden sollten. Auch Familienstellen sind eine gute Möglichkeit, verhärtete Strukturen aufzubrechen und neu zu ordnen.

Wenn mindestens ein Elternteil selbst in unterschwellige Auseinandersetzungen oder privates Mobbing verstrickt ist, haben sich Vater oder Mutter auf das Niveau der Niederträchtigkeit eingelassen und sind zu keiner gelassenen Reaktion mehr fähig. Jedes noch so kurze Gespräch eskaliert innerhalb kürzester Zeit in einer Spirale aus beinahe schon ritualisierten Vorwürfen und Gemeinheiten.

Wenn Sie für sich selbst bemerken, dass Sie zu unfairen Handlungen oder gemeinen Aussagen neigen, scheuen Sie sich nicht davor, im Familienmeeting darüber zu sprechen. Sagen Sie klar und deutlich, dass Sie sich schlecht fühlen und deshalb vielleicht manchmal zu Bissigkeiten neigen. Bitten Sie Ihre Familienmitglieder um Verständnis und um Hilfe. Das ist die beste Art und Weise, verloren gegangene Anerkennung und Respekt neu zu erlangen, vor allem wenn sich Familienmitglieder schon missbilligend von Ihnen abwenden. Es beweist sehr viel Mut, die komplette Familie in Ihre Seele schauen zu lassen. Doch dieses Offenlegen wird Ihre Autorität letztlich bestärken, wohingegen ein Zanken und Brüllen mit den Kindern Ausdruck der Hilflosigkeit ist und spätestens im Teenageralter von Ihren Kindern auch als solche erkannt wird.

Wenn Sie ernsthaft daran interessiert sind, die eingebürgerten negativen Gefühle und Verhaltenweisen zu beenden, wird Ihre Familie das honorieren. Ansonsten verlieren Sie nur allzu schnell das Gesicht. Denn wie können Sie von Ihren Kindern respektvollen Umgang und konstruktive Problemlösung erwarten, wenn Sie ihnen das Gegenteil vorleben?

Lügen und andere Verwirrungen

Nichts gibt man so ungern auf
wie eine angenehme Selbsttäuschung.

John F. Reynolds

Wenn Lügen zur Gewohnheit werden, hat die Wahrheit keine Chance. Ritualisieren Sie die Wahrheit. Gehen Sie schon mit Kleinkindern wahrhaftig um. Kleine Kinder haben ein Gespür für Echtheit. Wer sie durch Lügen, Schwindeleien und bequeme Ausreden missachtet, zerstört ihre natürliche und untrügliche Intuition und unterminiert ihr Vertrauen in die Welt der Erwachsenen. Kinder, die bei jeder Kleinigkeit der Einfachheit halber angeschwindelt werden, verlieren auch das Vertrauen in das eigene Gefühl. Wenn Kinder Dinge spüren, die von Erwachsenen dann verleugnet oder falsch dargestellt werden, verlieren die Kinder den Glauben in und an sich und stumpfen ab. Sie nehmen sich selbst nicht mehr wahr, verdrängen ihr eigenes Bauchgefühl und glauben mehr den Worten anderer als sich selbst.

Auch unter Partnern sind bequeme Lügen nicht nur unnötig, sondern auch verletzend. Ein wahres Wort ist zwar oft schwer zu sagen und mancher möchte es auch nicht wirklich hören, aber nur durch kompromisslose Ehrlichkeit hat jeder die Gewissheit, wahrhaftig geliebt zu werden. Wenn der Partner nachgewiesenermaßen gelogen hat, besteht immer latent die Gefahr, dass er es wieder tut. Dieses verlorene Vertrauen belastet unsere Beziehung erheblich und vor allem andauernd.

Dabei erreicht man selbst seine Ziele weitaus schneller, wenn man mit der Wahrheit rausrückt. Die größten Lügner sind auch die größten Angsthasen, weil sie sich nicht den Konsequenzen unbequemer Wahrheiten stellen wollen.

Stagnation und Generalabrechnungen

> Wer glaubt, jemand zu sein, hat
> aufgehört, etwas zu werden.
>
> *Philip Rosenthal*

Ist es nun Tradition, Konvention oder einfach eine abgenutzte und nur scheinbare Familienidylle? Mechanisch und lustlos werden die täglichen Dinge erledigt, die ausgetauschten Worte zwischen den Erwachsenen werden weniger, die aggressiven Ausbrüche der Kinder mehr. Wenn gestritten wird, wird vor allem die Beziehung in Frage gestellt. Verletzte Partner, die sich nur noch Schlechtes zu sagen haben und völlig irrational auch offensichtlich gute Dinge in den Schmutz ziehen, sind an der Tagesordnung? Sobald ein Gespräch entsteht, werfen Sie mit Vorwürfen um sich? Auch schöne Dinge werden negativ belegt? Ein Karussell, welches bei jeder Umkreisung eine neue Dimension des Abgrunds entdecken lässt. Tun Sie sich selbst den Gefallen und stoppen Sie so schnell wie möglich diesen Wahnsinn.

Literatur zum Weiterlesen

Dreikurs, Rudolf/Soltz, Vicki: *Kinder fordern uns heraus.*
Stuttgart 1996, Klett-Cotta

Görnert-Stuckmann, Sylvia: *Mit Kindern Geschichten erfinden.*
München 2003, Reinhardt

Gordon, Thomas: *Familienkonferenz.* München 1993, Heyne

Hartmann, Claudia: *Rituale zu zweit. Was Liebende zusammenhält.* München 2006, nymphenburger

Hartmann, Claudia: *Rituale zu dritt. Beim ersten Kind wird alles
anders.* Krummwisch 2002, Königsfurt

Hübner, Marie: *Ich kauf mir einen neuen Bruder.* Ravensburg
2008, Ravensburger

Hülsemann, Irmgard: *Mit Lust und Eigensinn.* Frankfurt/Main
2000, Fischer

Kingston, Karen: *FENG SHUI gegen das Gerümpel des Alltags.*
Hamburg 2000, Rowohlt

Krömer, Astrid: *Was sagt der Tiger? Kinder und Jugendliche
lernen kreatives Schreiben.* Berlin 2006, Autorenhaus

Münch, Bettina: *Ich will alles. Glücklich mit Kind, Job und
Partner.* Frankfurt, Krüger

Prekop, Jirina: *Schlaf Kindlein – verflixt noch mal!* München
2000, dtv

Stacherl, Sonja: *Nähe und Geborgenheit.* Düsseldorf 1997, Walter

Van de Rijt, Hetty/Plooij X., Frans: *Oje, ich wachse!*
München 1998, Mosaik

Rituale für jede Lebenslage.
Bücher bei *nymphenburger*

Claudia Hartmann
Rituale zu zweit
Was Liebende zusammenhält

Eine Beziehung auf Dauer lebendig zu halten
will gelernt sein. Auf alle Fragen, die sich in einer Partnerschaft stellen, gibt Claudia Hartmann eine umsetzbare Antwort.

160 S., ISBN 978-3-485-05023-4

Claudia Hartmann
Rituale zu dritt
Beim ersten Kind wird alles anders

Unkonventionelle Ratschläge, spannende Rituale und praxiserprobte Tipps für den neuen
Umgang mit Liebe, Sex, Geld, Job, Spaß und
Verantwortung, wenn sich nach der ersten Geburt das Leben verändert.

160 S., ISBN 978-3-485-05023-4

Doris Iding
Rituale fürs Alleinsein
Wege zur inneren Freiheit

Es ist an der Zeit, dass Sie einem wunderbaren
Menschen begegnen - sich selbst. Erfahren Sie
Alleinsein als Leere und Fülle, als Vorausset-
zung und Ergebnis der Kunst des Liebens.

160 S., ISBN 978-3-485-05060-9